Wie verändert sich die Rolle des Controllers im Reporting 4.0?

Auswirkungen der Digitalisierung auf das Controlling

Bibliografische Information der Deutschen Nationalbibliothek:

Die Deutsche Nationalbibliothek verzeichnet diese Publikation in der Deutschen Nationalbibliografie; detaillierte bibliografische Daten sind im Internet über http://dnb.d-nb.de abrufbar.

Impressum:

Copyright © Science Factory 2021

Ein Imprint der GRIN Publishing GmbH, München

Druck und Bindung: Books on Demand GmbH, Norderstedt, Germany

Covergestaltung: GRIN Publishing GmbH

Inhaltsverzeichnis

Inhaltsverzeichnis III

Abbildungsverzeichnis IV

Abkürzungsverzeichnis V

1 Einleitung 1
   1.1 Problemstellung 1
   1.2 Methodik 2

2 Digitalisierung im Controlling 3
   2.1 Definition der Digitalisierung 3
   2.2 Grundlagen und Begriffe der Digitalisierung 3
   2.3 Auswirkungen der digitalen Transformation auf das Controlling 13
   2.4 Zukünftiges Rollenverständnis und Kompetenzmodell des Controllers ... 16

3 Management Reporting 24
   3.1 Definition 24
   3.2 Ziele und Funktionen vom Reporting 27
   3.3 Die klassischen Schritte im Reporting 28
   3.4 Berichtsarten 30
   3.5 Herausforderungen und Probleme im Reporting 31

4 Reporting 4.0 33
   4.1 Datensammlung 33
   4.2 Datenaufbereitung 37
   4.3 Datendarstellung/ Berichterstellung 54
   4.4 Datenanalyse 60

5 Fazit und Ausblick 67

Literaturverzeichnis 68

Anhang 80

Abbildungsverzeichnis

Abbildung 1: BI-Ordnungsrahmen 5

Abbildung 2: Horvath & Partners-Definition von Big Data 8

Abbildung 3: Überblick über die unterschiedlichen Analytics-Ausprägungen 12

Abbildung 4: Auswirkungen der digitalen Transformation auf die Controlling-Teilprozesse 15

Abbildung 5: Aufgabenverteilung von Manager, Controller und Data Scientst 20

Abbildung 6: Kompetenzmodell 22

Abbildung 7: Prozesskette Informationsversorgung 26

Abbildung 8: Typische Prozessschritte im Reporting-Prozess 29

Abbildung 9: Übersicht Dimensionen im Stammdaten-Management 34

Abbildung 10: Einteilung der Tätigkeitsbereiche einer Reporting Factory 43

Abbildung 11: Möglichkeiten und Grenzen von Robotic Process Automation 49

Abbildung 12: Entwicklungsstufen der Automatisierungstechnologien 51

Abbildung 13: Ablauf eines Data-Mining-Prozesses 62

Abbildung 14: Analysemethoden im Überblick 63

Abkürzungsverzeichnis

BARC	Business Application Research Center
BI	Business Intelligence
bzw.	beziehungsweise
DV	Datenverarbeitung
EBITDA	earnings before interest, taxes, depreciation and amortization
et al.	et alii (und andere)
GuV	Gewinn- und Verlustrechnung
IT	Informationstechnik
Mrd.	Milliarde
RDA	Robotic Desktop Automation
RPA	Robotic Process Automation
S.	Seite
sog.	sogenannte
SSR	Self-Service Reporting
u. a.	unter anderem
VBA	Visual Basic for Applications
vgl.	vergleiche
z. B.	zum Beispiel

1 Einleitung

1.1 Problemstellung

Das Thema Digitalisierung und die damit verbundenen Begriffe wie Business Intelligence, Big Data, Internet of Things, Industrie 4.0 etc. sind momentan in aller Munde. Dabei ist die Digitalisierung schon lange kein hypothetisches Zukunftsszenario mehr, sondern ein langfristig anhaltender Wandlungsprozess, der bereits heute jedes Unternehmen betrifft.[1] Eine Studie zeigt, dass mittlerweile zwei Drittel der befragten Unternehmen eine Digitalisierungsstrategie haben oder sich zumindest damit beschäftigen. Dabei betrifft die Digitalisierung nicht nur die Produktionsprozesse. Bei über 90 % der befragten Unternehmen sind die Bereiche Rechnungswesen und Controlling Bestandteil der Digitalisierungsstrategie.[2] Zurzeit starten Unternehmen vielfältige Initiativen zur Digitalisierung im Controlling.[3] Dabei geht es vor allem um die Digitalisierung des Reportings, denn viele Unternehmen sind mit ihrem derzeitigen Reporting-Prozess unzufrieden. Nach Horváth möchte jedes dritte Unternehmen den Aufwand im Reporting deutlich reduzieren.[4]

Wie Unternehmen diesen Aufwand reduzieren können und welche weiteren Optimierungsmaßnahmen es im Rahmen von Reporting 4.0[5] gibt, ist zentraler Bestandteil dieser Arbeit. Zusätzlich werden die Auswirkungen der Digitalisierung auf das Controlling erläutert. Dies beinhaltet u. a. die Fragen inwieweit sich die Rolle des Controllers verändern wird und ob die Digitalisierung sogar eine Gefahr für den ganzen Berufsstand darstellen könnte?

---

[1] Vgl. Gräf, J./Isensee, J./Schulmeister, A. (2017): Reporting 4.0 – Management Reporting im digitalen Kontext, S. 60.

[2] Vgl. Schlüter, R. (2017): Studie: Digitalisierung, Automatisierung und Vernetzung im Rechnungswesen und Controlling, S. 3.

[3] Vgl. Mayer, C./Wiesehahn, A. (2018): Controlling im Digitalisierungswahn? - Ein Zwischenruf, S. 29.

[4] Vgl. Horváth, P./Klein, A./Gräf, J. (2014): Experten-Interview zum Thema „Management Reporting & Business Intelligence", S. 18.

[5] Siehe Kapitel 4 Reporting 4.0.

1.2 Methodik

Die theoretische Aufbereitung des Themas mittels Literaturrecherche beginnt, indem zunächst die Digitalisierung und verwandte Begriffe definiert werden. Im Anschluss werden die Auswirkungen der Digitalisierung auf das Controlling im Allgemeinen erläutert. Der Schwerpunkt dieser Masterarbeit wurde auf das Management Reporting gelegt, da dieser Controlling-Prozess am meisten Optimierungspotenziale aufweist.[6] Unter dem Begriff Reporting 4.0 werden die Einflüsse der Digitalisierung auf das klassische Reporting aufgezeigt. Deshalb entspricht die Gliederungsstruktur des Kapitels Reporting 4.0 auch dem klassischen Reporting-Prozess.

---

[6] Vgl. Müller, D. & Schulmeister, A. (2016): Auswirkung der Digitalisierung auf die Controlling-Teilprozesse.

2 Digitalisierung im Controlling

2.1 Definition der Digitalisierung

Für den Begriff Digitalisierung gibt es keine offizielle und klare Definition. In der Literatur finden sich viele unterschiedliche Auslegungen des Begriffes wieder.[7] Streng genommen bedeutet Digitalisierung die „Umwandlung von Informationen [...] in Zahlenwerte zum Zwecke ihrer elektronischen Bearbeitung, Speicherung oder Übertragung".[8] Im Englischen spricht man in diesem Fall von „Digitization", welches aber nicht verwechselt werden darf mit dem Begriff „Digitalization". Denn dieser Begriff, der ebenfalls im Deutschen mit Digitalisierung übersetzt wird, beschreibt die Einführung neuer, auf digitalen Technologien basierender Lösungen.[9]

Häufig wird der Begriff Digitalisierung als Synonym für die digitale Transformation verwendet. Die digitale Transformation geht aber einen Schritt weiter und beschreibt die derzeitigen Entwicklungen, die durch digitale Technologien hervorgerufen werden.[10] Dieser Wandel findet sich in allen Lebensbereichen wieder. Zum Beispiel verändern sich Produkte und Prozesse in Unternehmen und Privatpersonen kaufen vermehrt im Online-Handel.[11]

2.2 Grundlagen und Begriffe der Digitalisierung

Die Digitalisierung wird in der Praxis häufig mit einer Reihe von Begriffen in Verbindung gebracht.[12] Einige dieser Begriffe sind für viele Personen geläufig, für andere dagegen völlig unbekannt.

Um ein besseres Verständnis zu bekommen, werden diese grundlegenden Begriffe in den folgenden Kapiteln kurz erläutert.

---

[7] Vgl. Becker, W./ Ulrich, P./ Botzkowski, T. (2017): Industrie 4.0 im Mittelstand, S. 15.
[8] Vgl. Schröder, H. D. (2006): Digitalisierung, S. 95.
[9] Vgl. Hess, T. (2019): Digitale Transformation strategisch steuern, S. 18.
[10] Vgl. Hess, T. (2019): Digitale Transformation strategisch steuern, S. 18.
[11] Vgl. Hess, T. (2019): Digitale Transformation strategisch steuern, S. 18.
[12] Vgl. Langmann, C. (2019): Digitalisierung im Controlling, München 2019, S. 5.

2.2.1 Business Intelligence

Der Begriff Business Intelligence oder abgekürzt BI ist in der Wissenschaft und Praxis ein sehr populärer Begriff.[13] In der Literatur existiert deshalb auch eine große Definitionsvielfalt.[14] Business Intelligence wortwörtlich ins Deutsche übersetzt würde „Geschäftsintelligenz" bedeuten. Dies wäre aber eine falsche Übersetzung, da das Wort „Intelligence" eher für die Umwandlung von Informationen in Wissen steht.[15] Der Gartner -Analyst Howard Dresner definierte schon Anfang der 1990er Jahren den Begriff wie folgt: *„Business Intelligence is the process of transforming data into information and, through discovery into knowlede".*[16]

Nach einer weiteren Definition versteht man unter BI einen Sammel- oder Oberbegriff, der die entscheidungsorientierende Datenaufbereitung, Datenspeicherung sowie die Datenauswertung und Visualisierung der Daten beinhaltet.[17]

Auf Basis dieser Definition wurde ein BI-Ordnungsrahmen entworfen (Abbildung 1), der alle Ebenen von Business Intelligence aufzeigt.

---

[13] Vgl. Schön, D. (2018): Planung und Reporting im BI- gestützten Controlling, S. 405.
[14] Vgl. Gluchowski, P./ Gabriel, R./ Dittmar, C. (2008): Management Support Systeme und Business Intelligence, S. 90; Kemper, H. G./ Baars, H./ Mehanna, W. (2010): Business Intelligence, S. 2-11.
[15] Vgl. Hanning, U. (2008): Vom Data Warehouse zum Corporate Performance Management, S. 77.
[16] Definition aus den 90er Jahren von der Garnter Group, Siehe Mucksch, H./ Behme, W. (2000): Das Data-Warehouse-Konzept, S. 37.
[17] Vgl. Kemper, H. G./ Baars, H./ Mehanna, W. (2010): Business Intelligence, S. 4.

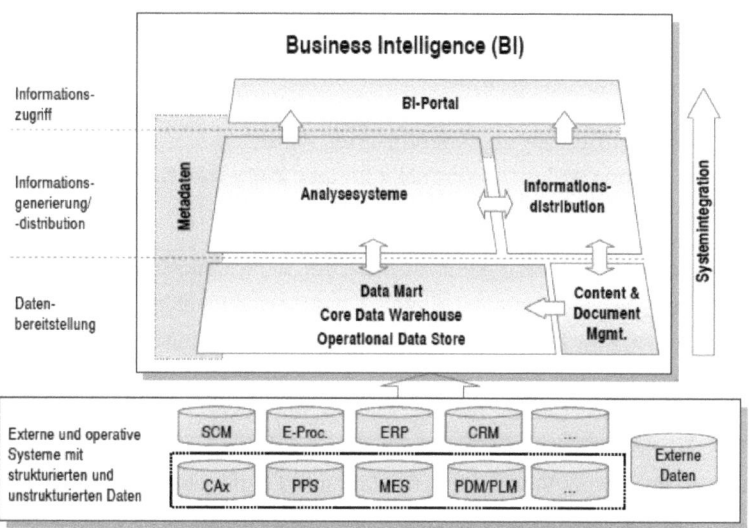

Abbildung 1: BI-Ordnungsrahmen

Quelle: Kemper, H. G./ Baars, H./ Mehanna, W. (2010): Business Intelligence, S. 11.

Im unteren Teil der Grafik sind die Ebenen Datenanbindung und Datenbereitstellung zu sehen. Unklar bleibt hier, ob die Extraktion der Datenanbindung Teil des BI ist, oder ob der Prozess vorgelagert ist.[18] Die Analyse und Verteilung der Daten folgt dann in der Informationsgenerierung/ -distribution Ebene. Um die vielfältigen steuerungsrelevanten Informationen mit Hilfe sog. BI-Portale abrufen zu können, sind komfortable Benutzerschnittstellen erforderlich.[19]

Obwohl es unterschiedliche Auffassungen gibt, wie der Begriff zu interpretieren ist, verfolgt Business Intelligence letztendlich das Ziel, geschäftsrelevante Erkenntnisse aus Informationen zu gewinnen, die als fundierte Grundlage für Managemententscheidungen dienen.[20]

2.2.2 Big Data

Da die Welt immer mehr miteinander vernetzt wird und immer mehr Geräte mit dem Internet verbunden werden,[21] resultieren daraus enorme Ansammlungen von Informationen. Diese große Masse an Daten wird als Big Data bezeichnet,

---

[18] Vgl. Schön, D. (2018): Planung und Reporting im BI- gestützten Controlling, S. 406.
[19] Vgl. Kemper, H. G./ Baars, H./ Mehanna, W. (2010): Business Intelligence, S. 12 f.
[20] Vgl. Olaf, J. (2015): Der Wertbeitrag von Business Intelligence, S. 19.
[21] Siehe Kapitel 2.2.3 Internet of Things.

wobei der Begriff sehr ungenau ist und von vielen Akteuren inflationär verwendet wird.[22] Zum Beispiel ist die Bezeichnung „Big" sehr relativ und für jedes Unternehmen unterschiedlich.[23]

Um den Begriff besser zu konkretisieren, wurden die „drei Vs" (im Englischen: Variety, Volume, Velocity), erstmalig im Jahr 2001 vom Gartner-Analysten Doug Laney, als Begriffsmerkmale gekennzeichnet.[24]

- **Variety** (Vielfalt): Kennzeichnet die Verschiedenheit der Datenquellen. Zum Beispiel stammen Daten aus unternehmensinternen und -externen Quellen. Sie können strukturiert (z. B. Datenbanken), halbstrukturiert (z. B. Logfiles) und unstrukturiert (z. B. Social Media, Videos und Bilder) vorkommen.[25] Gerade bei der Analyse unstrukturierter Daten scheitern oft herkömmliche Datenbanksysteme und dies ist eine Kernaufgabe von Big Data.[26] Diese Vielfältigkeit der Daten ist Chance aber auch Herausforderung für Big Data, denn rund 85 % der Daten liegen in unstrukturierter Form vor.[27]
- **Volume** (Datenmenge): Beschreibt die Masse an Daten, die innerhalb der Technologien von Big Data verarbeitet werden müssen. Das Datenvolumina besteht dabei aus großen Datenmengen von Terrabytes bis hin zu Petabytes, als auch aus vielen kleinen Datenmengen, die es gemeinsam zu analysieren gilt.[28]
- **Velocity** (Geschwindigkeit): Beschreibt einerseits die Geschwindigkeit, in der die Daten generiert und analysiert werden[29], andererseits beschreibt es die Schnelllebigkeit, in der sich Daten ständig verändern und dabei ihre Aussagekraft verlieren.[30] Um diese Gültigkeit der Aussagen zu gewährleis-

---

[22] Vgl. Internationaler Controller Verein (2014): Big Data – Potenzial für den Controller, S. 35.
[23] Vgl. Burow, L./ Leyk, J./ Briem, C. (2014): Experten-Interview zum Thema" Controlling und Big Data", S. 14.
[24] Vgl. Laney, D. (2001): 3D Data Management: Controlling Data Volume, Velocity, Variety, S. 1-3.
[25] Vgl. Matzer, M. (2013): Kein Hexenwerk: das moderne Orakel, S. 18.
[26] Vgl. Dorschel, J. (2015): Einführung und Überblick, S. 8.
[27] Vgl. BITKOM (Hrsg.): „Big Data im Praxiseinsatz – Szenarien, Beispiele, Effekte, 2012, S.12.
[28] Vgl. Zacher, M. (2012): Big Data Analytics in Deutschland 2012, S. 2.
[29] Vgl. Dorschel, J. (2015): Einführung und Überblick, S. 7.
[30] Vgl. Matzer, M. (2013): Kein Hexenwerk: das moderne Orakel, S. 18.

ten, nähert sich die Datengenerierung und -verarbeitung immer weiter der Echtzeit an.[31]

Diese drei Eigenschaften von der Gartner Group werden häufig noch in der Literatur um den Aspekt der Veracity erweitert.[32]

- **Veracity** (Zuverlässigkeit bzw. Richtigkeit): Es muss sichergestellt werden, dass die Daten auf Glaubwürdigkeit und Zuverlässigkeit überprüft werden.[33] Während strukturierte Daten z. B. aus einer Datenbank eine zumeist hohe Konsistenz und Validität aufweisen, sind unstrukturierte Daten z. B. Social Media-Daten geprägt von einer sehr hohen Subjektivität und von unterschiedlichen zeitlichen und inhaltlichen Kontexten. Die große Herausforderung bei der Nutzung von Big Data ist es, auch diese Faktoren bei der Planung, Umsetzung und Bewertung von Analysen zu berücksichtigen.[34]

Durch den Einsatz von Big Data Analytics (Auswertungen der Daten) können Unternehmen einen wirtschaftlichen Nutzen (Value) gewinnen, indem sie einen besseren Einblick und ein besseres Verständnis über den Markt erlangen.[35] Unternehmen können dadurch neue Produkte und Dienstleistungen entwickeln und schneller auf unternehmensrelevante Veränderungen reagieren. [36]

Abbildung 2 zeigt noch einmal zusammengefasst den Nutzen von Big Data im Zusammenhang mit den vier Begriffsmerkmalen.

---

[31] Vgl. Matzer, M. (2013): Kein Hexenwerk: das moderne Orakel, S. 18.
[32] Vgl. Wachter, B. (2018): Big Data – Anwendung in der Marktforschung, S. 18; Redman, T. C. (2013): Data´s Credibility Problem, S. 84 ff.
[33] Vgl. Matzer, M. (2013): Kein Hexenwerk: das moderne Orakel, S. 18.
[34] Vgl. Dorschel, J. (2015): Einführung und Überblick, S. 8.
[35] Vgl. Grönke, K./ Kirchmann, M./ Leyk, J. (2014): Big Data: Auswirkungen auf Instrumente und Organisation der Unternehmenssteuerung, S. 66.
[36] Vgl. Internationaler Controller Verein (2014): Big Data – Potenzial für den Controller, S. 36.

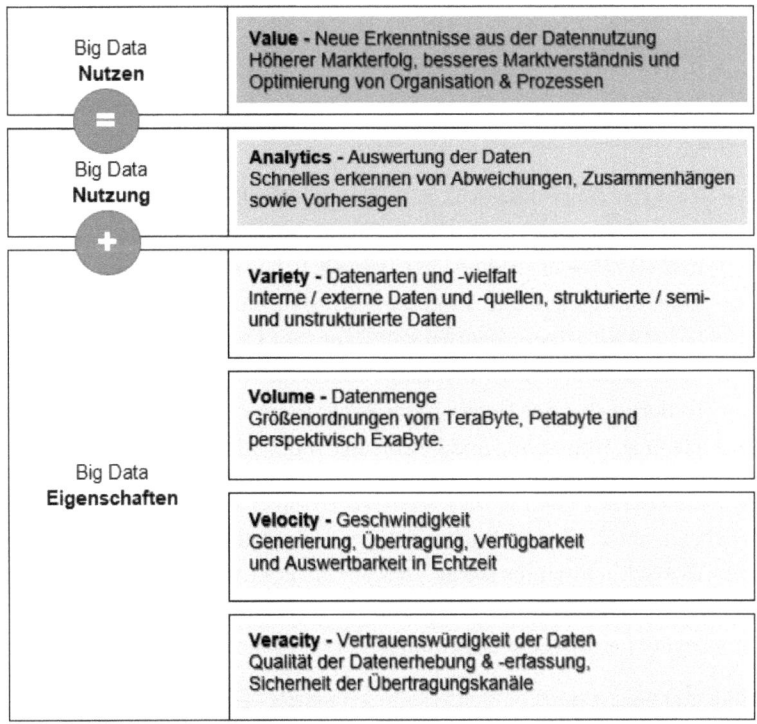

Abbildung 2: Horvath & Partners-Definition von Big Data

Quelle: Grönke, K./ Kirchmann, M./ Leyk, J. (2014): Big Data: Auswirkungen auf Instrumente und Organisation der Unternehmenssteuerung, S. 66.

2.2.3 Internet of Things

Der Begriff Internet of Things oder im Deutschen „Internet der Dinge" bezeichnet die Vernetzung von physikalischen und virtuellen Prozessen.[37] Die Informationen werden aus der physischen Welt erfasst und in der digitalen Welt analysiert und weiterverarbeitet.[38] Produktionsanlagen werden z. B. mit dem Internet vernetzt und können dadurch selbständig und global miteinander kommunizieren.[39] Kommunikation erfolgt somit nicht mehr nur unter Menschen, sondern auch zwi-

---

[37] Vgl. Roßmeißl, E./ Gleich, R. (2014): Industrie 4.0: Neue Aufgaben für Produktionsmanagement und –controlling, S. 142.

[38] Vgl. Roth, A. (2016): Einführung und Umsetzung von Industrie 4.0 Grundlagen, Vorgehensmodell und Use Cases aus der Praxis, S. 29.

[39] Vgl. Kagermann, H./ Wahlster, W./ Helbig, J. (2013): Umsetzungsempfehlungen für das Zukunftsprojekt Industrie 4.0, S. 17 f.

schen Maschinen sowie zwischen Mensch und Maschine.[40] Durch diese verbesserten Kommunikationsmöglichkeiten ergeben sich viel stärker ausdifferenzierte Steuerungs- und Regelungsprozesse.[41] Dank der fortschreitenden Miniaturisierung und der steigenden Leistungsfähigkeit des Internets wächst der Trend von Internet of Things immer weiter.[42] Experten schätzen, dass aufgrund der drastisch sinkenden Preise für Sensoren und der Ausweitung des IPv6-Protokolls in Verbindung mit der Analyse riesiger Datenmengen (Big Data), bis zum Jahr 2020 mehr als 50 Mrd. Geräte mit dem Internet verbunden sind.[43]

2.2.4 Cloud Computing

Cloud Computing beschreibt das Potenzial, Nutzer mit Rechenleistung, Speicherkapazitäten oder Softwareanwendungen zu versorgen.[44] Dabei benötigt der Anwender, auch Cloud Consumer genannt, lediglich eine kompatible Schnittstelle zur Cloud.[45]

Über das Internet oder Intranet wird dem Cloud Consumer die IT-Infrastruktur eines externen oder internen Anbieters bereitgestellt.[46]

Vorteil hierbei ist die Kosteneinsparung durch den Verzicht von Hardware- und Software-Investitionen. Weiterhin kann der Verwaltungs- und Administrationsaufwand verringert werden, was ebenfalls zu einer Kosteneinsparung führt. Demgegenüber stehen die Kosten für die Nutzung der Cloud, die sich entweder auf Zeiträume und/oder auf Verbrauchsmengen (Datenvolumen, Rechenleistung) beziehen.[47] Die Gebühren für Softwarelizenzen könnten vermieden werden, wenn diese durch das Rechennetzwerk der Cloud zur Verfügung gestellt werden und nur nach Bedarf verrechnet werden.[48] Ob letztendlich eine signifikante langfristi-

---

[40] Vgl. Roßmeißl, E./ Gleich, R. (2014): Industrie 4.0: Neue Aufgaben für Produktionsmanagement und -controlling, S. 142.
[41] Vgl. Kagermann, H./ Wahlster, W./ Helbig, J. (2013): Umsetzungsempfehlungen für das Zukunftsprojekt Industrie 4.0, S. 18.
[42] Vgl. Deloitte (Hrsg.): Industrielles Internet der Dinge und die Rolle von Telekommunikationsunternehmen, S. 5; Kagermann, H./ Wahlster, W./ Helbig, J. (2013): Umsetzungsempfehlungen für das Zukunftsprojekt Industrie 4.0, S. 18.
[43] Vgl. Huber, D./ Kaiser, T. (2015): Wie das Internet der Dinge neue Geschäftsmodelle ermöglicht, S. 681.
[44] Vgl. Bensberg, F./ Schirm, N. (2018): Cloud Analytics gestalten, S. 60.
[45] Vgl. Verl, A./ Lechler, A. (2014): Steuerung aus der Cloud, S. 238 f.
[46] Vgl. Bensberg, F./ Schirm, N. (2018): Cloud Analytics gestalten, S. 60.
[47] Vgl. Bensberg, F./ Schirm, N. (2018): Cloud Analytics gestalten, S. 65.
[48] Vgl. Fallenbeck, N./ Eckert, C. (2014): IT-Sicherheit und Cloud Computing, S. 401 f.

ge Kosteneinsparung möglich ist, ist mithilfe von Total-Cost-of-Ownership-Modellen zu beantworten.[49]

Ein weiterer Vorteil ist, dass die Nutzer der Cloud standortunabhängig über verschiedene Geräte auf die Daten zugreifen können. Viele Unternehmen haben trotz dieses Vorteils große Bedenken, denn große Datenmengen sind auch ein attraktives Ziel für Hacker-Angriffe.[50]

2.2.5 Business Analytics

Häufig wird im Zusammenhang mit Digitalisierung von Analytics gesprochen. Dabei fallen Schlagwörter wie z. B. Advanced Analytics, Big Data Analytics, Predictive Analytics und Business Analytics. In diesem Kapitel wird versucht die unterschiedlichen Analytics- Ausprägungen einzuordnen, um Klarheit zu schaffen.

Business Analytics bezeichnet die Anwendung von statistischen mathematischen Analysemodellen, um nutzenstiftende Erkenntnisse aus verschiedenartigen Datenbeständen zu gewinnen.[51]

Dabei lassen sich vier Varianten von Business Analytics unterscheiden:[52]

- Bei Descriptive Analytics werden Vergangenheitswerte gesammelt und beschrieben, um relevante Muster zu erkennen. Hier wird die Frage beantwortet: Was ist geschehen?
- Mit Hilfe von Diagnostic Analytics werden die Ursachen für die ermittelten Zusammenhänge bestimmt. Hier wird die Frage beantwortet: Warum ist es passiert?
- Predictive Analytics ist zukunftsbezogen und versucht mit Techniken und Methoden zukünftige Daten oder Situationen zu prognostizieren. Hier wird die Frage beantwortet: Was wird passieren?
- Bei der letzten Variante Prescriptive Analytics werden Handlungsempfehlungen auf Basis der ermittelten Zusammenhänge und der Prognosen abgeleitet. Hier wird die Frage beantwortet: Wie soll agiert werden?

---

[49] Vgl. Bensberg, F./ Schirm, N. (2018): Cloud Analytics gestalten, S. 65.
[50] Vgl. Hückelheim, F. (2015): Alles auf Wolke sicher? – Datenschutz beim Cloud-Computing.
[51] Vgl. Internationaler Controller Verein (Hrsg.): Business Analytics – Der Weg zur datengetriebenen Unternehmenssteuerung, S. V; Langmann, C. (2019): Digitalisierung im Controlling, München 2019, S. 6.
[52] Vgl. Internationaler Controller Verein (Hrsg.): Business Analytics – Der Weg zur datengetriebenen Unternehmenssteuerung, S. 1; Langmann, C. (2019): Digitalisierung im Controlling, München 2019, S. 6; Dorschel, J. (2015): Einführung und Überblick, S. 56 f.

Die beiden letzten Varianten, die die zukünftige Betrachtung in den Fokus stellen, werden als Advanced Analytics bezeichnet.[53]

In Abbildung 3 wird ein Überblick über die unterschiedlichen Analytics-Ausprägungen dargestellt.

---

[53] Vgl. Chamoni, P./ Gluchowski, P. (2017): Business Analytics – State of the Art, S. 11.

Digitalisierung im Controlling

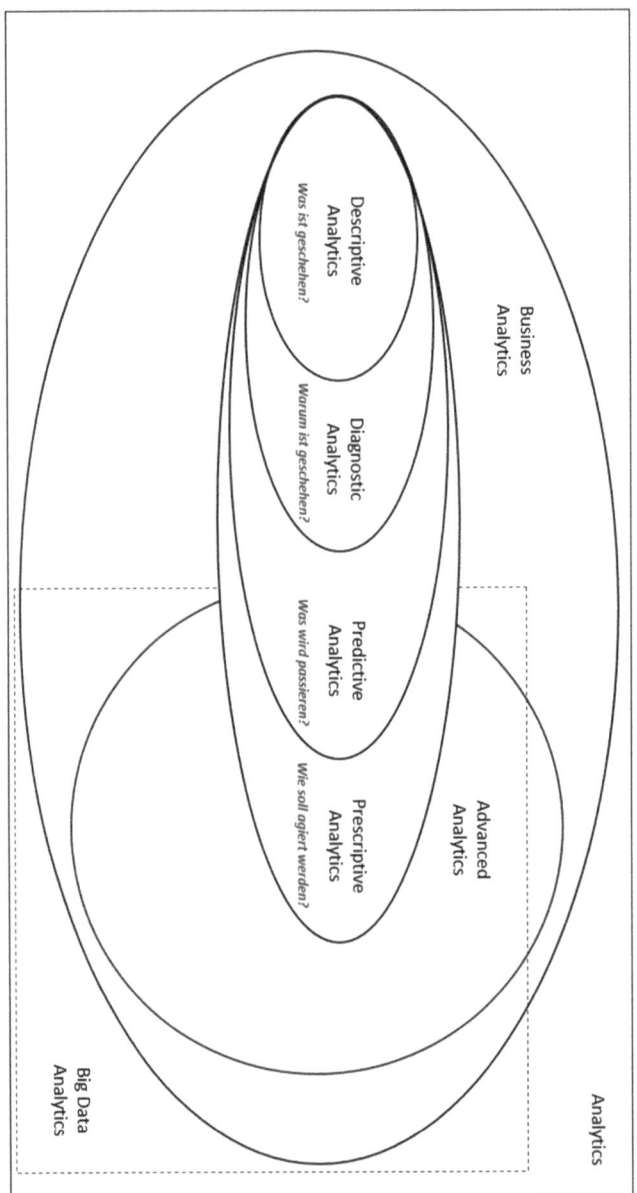

Abbildung 3: Überblick über die unterschiedlichen Analytics-Ausprägungen

Quelle: Eigene Abbildung in Anlehnung an Gluchowski, P. (2016): Business Analytics, S. 277.

Sowohl Business Analytics als auch Business Intelligence haben den Fokus auf die Generierung von Wissen aus Daten gelegt. [54] Der Unterschied besteht darin, dass der zeitlich ältere Begriff Business Intelligence sich vor allem auf vergangenheitsorientierte Auswertungen beschränkt[55], während Business Analytics sich zusätzlich auch mit Prognosen befasst.[56]

Im Gegensatz dazu ist Dietmar Schön der Auffassung, es gäbe keinen nennenswerten Unterschied zwischen den beiden Definitionen. Die Einbeziehung von prädiktiver und präskriptiver Prognosen mit Hilfe von Modellbildung wäre bereits bei Business Intelligence beinhaltet und es würde sich zeigen welcher Begriff sich in der Wissenschaft und Praxis durchsetzt.[57]

Business Intelligence, Big Data Analytics und auch Business Analytics sind jedenfalls durch ihr primäres Ziel verbunden. Alle versuchen betrieblich interne und externe Prozesse zu analysieren, diese besser zu verstehen, um daraus Rückschlüsse zur Entscheidungsunterstützung zu ziehen.[58]

2.3 Auswirkungen der digitalen Transformation auf das Controlling

Wie bereits in Kapitel 2.1 beschrieben, findet die digitale Transformation in allen Lebensbereichen statt. Das Controlling hat die Aufgabe mit seinen Abläufen und Prozessen die Unternehmenssteuerung erfolgreich zu unterstützen und ist deshalb vom digitalen Wandel besonders stark betroffen.[59] Um diese Auswirkungen zu untersuchen, eignet sich das Controlling-Prozessmodell[60] als Ausgangsbasis, obwohl bei einigen Umfragen nicht alle zehn Hauptprozesse berücksichtigt werden. Bereits im Jahr 2016 haben Müller und Schulmeister analysiert, wie stark

---

[54] Siehe Kapitel 2.2.1 Business Intelligence; Vgl. Chamoni, P./ Gluchowski, P. (2017): Business Analytics – State of the Art, S. 12.
[55] Vgl. Iffert, L. (2016): Predictive Analytics richtig einsetzen, S. 17.
[56] Vgl. Chamoni, P./ Gluchowski, P. (2017): Business Analytics – State of the Art, S. 9.
[57] Vgl. Schön, D. (2018): Planung und Reporting im BI- gestützten Controlling, S. 432 f.
[58] Vgl. Hoening, C./ Esch, M./ Wald, A. (2017): Big Data, Business Intelligence und Business Analytics: Bedeutung, Nutzen und Mehrwert für die Unternehmenssteuerung, S. 30 f.
[59] Vgl. Nasca, D./ Munck, C./ Gleich, R. (2018): Controlling-Hauptprozesse: Einfluss der digitalen Transformation, S. 73.
[60] Für mehr Informationen zum Controlling – Prozessmodell siehe International Group of Controlling (Hrsg.): Controlling-Prozessmodell, S. 19-22.

einzelne Haupt- und Teilprozesse im Controlling von der digitalen Transformation betroffen sein werden.[61]

Abbildung 4 zeigt die Auswirkungen der digitalen Transformationen auf die Controlling-Teilprozesse.

---

[61] Vgl. Müller, D. & Schulmeister, A. (2016): Auswirkung der Digitalisierung auf die Controlling-Teilprozesse.

Hauptprozess	Teilprozesse						
Strategische Analyse	Prüfung/Anp. Vision, Mission, Werte	Prüfung/Anp. Geschäftsmodell und strategische Stoßrichtung	Definition Ziele, Maßnahmen & Messgrößen	Finanzielle Bewertung d. Strategie	Abstimmung der Strategie mit Stakeholdern	Kommunikation der Strategie	Monitoring der Strategieumsetzung
Operative Planung, Budgetierung	Festlegen/Kommunizieren von Prämissen & top-down Ziele	Erstellung von Einzelplänen & Budgets	Zusammenfassung & Konsolidierung von Einzelplänen		Prüfung/Anp. der Planungsergebnisse	Präsentation & Verabschiedung der Planung	
Forecast	Ermittlung einer Datenbasis für den Forecast sowie Erstellung Forecast	Datenanalyse & Abweichungsanalyse (Forecast bzw. Plan/Budget)		Erarbeitung von Gegensteuerungsmaßnahmen		Verabschiedung des Forecasts	
Kosten-, Leistungs-, Ergebnisrechnung	Definition & Pflege Stammdaten	Kostenartenrechnung und Kostenstellenrechnung (inkl. Leistungsverrechnung)		Mitfd.- & Nachkalkulation	Periodenerfolgsrechnung	Periodenabschluss der Kostenrechnung	Abweichungsanalyse
Management Reporting	Management des Reportingsystem- & Datenprozesses	Berichterstellung (Zahlenteil)	Erstellung von Projektberichten	Berichtserstellung (Abweichungsanalyse und Kommentar)		Bewertung durch Management & Einleitung von Maßnahmen	
Projekt- und Investitionscontrolling	Planung des Projektes/ Investitionen	Unterstützung des Genehmigungsverfahrens	Angebots-/ Auftragsplankalkulation		Erstellung von Entscheidungsvorlagen	Nachkalkulation und Abschlussbericht	
Risikomanagement	Identifikation & Klassifikation von Risiken	Analyse & Bewertung von Risiken	Aggregation der Einzelrisiken Gesamtrisikopositionen		Ableiten & Verfolgen von Risikomaßnahmen		Erstellung eines Risikoberichts
Betriebswirtschaftliche Beratung & Führung	Begleitung Entscheidungsprozess	Begleitung/Einleitung von Maßnahmen zum Ergebnis-/ Kostenmanagement	Mitarbeitinitiation von Prozessanalyse und -optimierung		Projektmitarbeit		Förderung von betriebswirtschaftlichem Know-how im Unternehmen

= stark betroffen   = mittelstark betroffen   = wenig/leicht betroffen

Abbildung 4: Auswirkungen der digitalen Transformation auf die Controlling-Teilprozesse

Quelle: Müller, D. & Schulmeister, A. (2016): Auswirkung der Digitalisierung auf die Controlling-Teilprozesse.

Die Analyse erfolgte dabei auf Grundlage von elf Bewertungskriterien.[62] Beim Management Reporting und bei der Kosten-, Leistung-, und Ergebnisrechnung sind nach diesen Kriterien die Auswirkungen der digitalen Transformation am höchsten. Die Ergebnisse der Studie von Müller und Schulmeister decken sich auch mit anderen Studien.[63] Nach den befragten Teilnehmern wird das Reporting ganz klar von der Digitalisierung am meisten beeinflusst. Gefolgt von drei weiteren Controlling-Hauptprozessen: Operative Planung und Budgetierung, Forecast, und Kosten-, Leistung-, und Ergebnisrechnung. Schäffer und Weber erwarten, dass in fünf Jahren die Controlling-Hauptprozesse Management Reporting, Operative Planung und Budgetierung, Forecast und Kostenrechnung am stärksten standarisiert und automatisiert sind.[64] Diese radikale Veränderung der Controlling-Prozesse hat schon größtenteils begonnen.[65] Durch diese Veränderung entstehen neue Herausforderungen für die zukünftigen Rollen des Controllers. Diese werden im nachfolgenden Kapitel erläutert.

2.4 Zukünftiges Rollenverständnis und Kompetenzmodell des Controllers

2.4.1 Auswirkung auf Rollen des Controllings

Durch die Veränderungen der Controlling-Hauptprozesse ist es vollkommen einleuchtend, dass auch die Rolle des Controllers sich weiterentwickeln muss. Dabei unterliegt die Rolle des Controllers schon seit jeher einem kontinuierlichen Wandel.[66] Am Anfang des Controllings stand der Controller als Zahlenlieferant im Vordergrund. Er war zuständig für die Bereitstellung von Daten und Zahlen aus der Kostenrechnung.[67] Durch die Verbreitung leistungsfähiger IT-Systeme und dem Fortschritt in Sachen Automatisierung etablierte sich zunehmend die Rolle des Reporters (Informationslieferant). Dieser hat die Aufgabe eine konkrete Pla-

---

[62] Vgl. Kirchberg, A./ Müller, D. (2016): Digitalisierung im Controlling: Einflussfaktoren, Standortbestimmung und Konsequenzen für die Controllerarbeit, S. 90.

[63] Vgl. Deloitte (Hrsg.): Wie digital ist das Schweizer Controlling? – Eine schweizweite Analyse auf Basis eines Reifegradmodells, Hochschule Luzern 2018, S. 39; Nasca, D./ Munck, C./ Gleich, R. (2018): Controlling-Hauptprozesse: Einfluss der digitalen Transformation, S. 79.

[64] Vgl. Schäffer, U./ Weber J. (2018): Lean Controlling – Wo stehen wir?, S. 19 f.

[65] Vgl. Nasca, D./ Munck, C./ Gleich, R. (2018): Controlling-Hauptprozesse: Einfluss der digitalen Transformation, S. 87.

[66] Vgl. Losbichler, H./ Ablinger, K. (2018): Digitalisierung und die zukünftigen Aufgaben des Controllers, S. 51.

[67] Vgl. Langmann, C. (2019): Digitalisierung im Controlling, München 2019, S. 42.

nung und ein aussagekräftiges Berichtswesen bereitzustellen und die darin enthaltenen Kennzahlen zu interpretieren.[68]

Das schlichte Bereitstellen von Zahlen und Reports benötigt zahlreiche Routineaufgaben, die auch von Robotern, Künstlichen Intelligenzen, durch maschinelles Lernen und Ähnliches durchgeführt werden können.[69] Einigen Studien zufolge könnten viele Arbeitsplätze Opfer der Automatisierung werden, darunter auch sehr viele im Finance-/Accounting-Bereich.[70] Zum Beispiel nach der Studie aus dem Jahre 2013 von Frey und Osborne ist die Existenz von „Accountants und Auditors" mit einer Wahrscheinlichkeit von 94 % durch Automatisierung bedroht.[71]

Auch wenn viele dieser Argumente plausibel klingen, ist die Betrachtung der Dinge nur sehr einseitig. Es ist wichtig die Risiken zu verstehen, aber auch die Chancen, die dadurch entstehen, zu ergreifen.[72] Anstatt, dass nur bestehende Aufgaben für den Controller entfallen, könnten auch neue Aufgaben entstehen. Somit würde es zu einer Aufgabenverschiebung kommen und nicht zu einem Aufgabenentfall.[73] Im Anhang A-4 ist eine Tabelle abgebildet, die Faktoren nennt, warum einerseits der Stellenwert des Controllers durch die Digitalisierung sinken bzw. auch steigen könnte.

In den folgenden Kapiteln werden nun einige Rollen kurz vorgestellt, die das Aufgabengebiet des reinen Reporters erweitern können.

Business Partnering

Business Partnering bedeutet, dass das Controlling als proaktiver Sparringspartner auf Augenhöhe gegenüber dem Top-Management auftreten und das Management entlasten soll.[74] Dies geschieht, indem nicht mehr zahlen- und rechnungswesenorientierte Aufgaben den Arbeitstag der Controller dominieren, son-

---

[68] Vgl. Langmann, C. (2019): Digitalisierung im Controlling, München 2019, S. 42.
[69] Vgl. Thomson, J. (2017): Gefährdet die Digitalisierung die Arbeitsplätze von Controllern und Bilanzbuchhaltern?, S. 582.
[70] Vgl. Thomson, J. (2017): Gefährdet die Digitalisierung die Arbeitsplätze von Controllern und Bilanzbuchhaltern?, S. 582 f.
[71] Vgl. Frey, C. B./Osborne, M. A. (2013): The Future of Employment: How Susceptible are Jobs to Computerisation?.
[72] Vgl. Thomson, J. (2017): Gefährdet die Digitalisierung die Arbeitsplätze von Controllern und Bilanzbuchhaltern?, S. 583.
[73] Vgl. Losbichler, H./ Ablinger, K. (2018): Digitalisierung und die zukünftigen Aufgaben des Controllers, S. 55.
[74] Vgl. Langmann, C. (2019): Digitalisierung im Controlling, München 2019, S. 42.

dern entscheidungsunterstützende Tätigkeiten.[75] Weiterhin muss das Controlling als ökonomisches Gewissen zur langfristigen finanziellen Unternehmenssicherung eine eigenständige Position beziehen und sich, wenn nötig, gegen potenzielle Fehlentscheidungen des Managements stellen.[76] Im Konzept der Rationalitätssicherung von Schäffer und Weber werden drei wesentliche Aufgabenbereiche vom Controlling unterschieden: Entlastung, Ergänzung, und Begrenzung.[77]

Empirische Studien zeigen, dass die Rolle des Sparringpartners nur bedingt ausgeführt wird. Obwohl man stärker in den Entscheidungsprozess mit eingebunden werden möchte, ist man zu sehr mit der Erstellung der Zahlen beschäftigt.[78] Besonders auf Sachbearbeiter-Ebene dominieren noch klassische Aufgaben wie Planung und Budgetierung, Reporting und Abweichungsanalysen den Arbeitsalltag.[79] Ob jeder Controller Business Partner werden soll, oder nur diejenigen, die eng mit dem Management zusammenarbeiten, ist zur Zeit noch unklar.[80]

Pathfinder

Im „Target Picture 2025" der BASF findet sich die Rolle des Pathfinders wieder.[81] Andere Organisationen nennen diese Rolle z. B. Innovator.[82] Der Pathfinder hat, neben den klassischen Controlling Themen, die Aufgabe nach relevanten Innovationen, Techniken und Methoden Ausschau zu halten, die sowohl Managemententscheidungen als auch Entscheidungen anderer Funktionen unterstützen.[83] Für diese anspruchsvolle Rolle ist eine ausgeprägte Innovationsorientierung, technisches Verständnis und sehr gute Kenntnisse in Statistik notwendig.[84] Weiterhin

---

[75] Vgl. Fischer, T./Möller, K./Schultze, W. (2015): Controlling, S. 45ff.
[76] Vgl. Losbichler, H./ Ablinger, K. (2018): Digitalisierung und die zukünftigen Aufgaben des Controllers, S. 51.
[77] Vgl. Schäffer, U./ Weber, J. (2015): Controlling im Wandel, S. 187.
[78] Vgl. Mayr, A. /Losbichler, H./ Heindl, M. (2017): Aufgaben, Anforderungen und Karriereperspektiven im Controlling, S. 24.
[79] Vgl. Losbichler, H./ Ablinger, K. (2018): Digitalisierung und die zukünftigen Aufgaben des Controllers, S. 52.
[80] Für mehr Informationen siehe: Schäffer, U./ Weber, J. (2016): Business Partnering mit Managern und Experten.
[81] Vgl. Seufert, A./ Kruk, K. (2016): Digitale Transformation und Controlling: Herausforderungen und Implikationen dargestellt am Beispiel der BASF, S. 157 ff.
[82] Vgl. Langmann, C. (2019): Digitalisierung im Controlling, S. 44.
[83] Vgl. Seufert, A./ Kruk, K. (2016): Digitale Transformation und Controlling: Herausforderungen und Implikationen dargestellt am Beispiel der BASF, S. 158.
[84] Vgl. Seufert, A./ Kruk, K. (2016): Digitale Transformation und Controlling: Herausforderungen und Implikationen dargestellt am Beispiel der BASF, S. 157 f.

müssen sie vorausschauend denken können und Veränderungsprozesse erzeugen sowie steuern können.[85] Diese Fähigkeiten gehen weit über die des normalen Controllers hinaus. Der Pathfinder ist hierbei nicht zu verwechseln mit dem Data Scientist (Statistik Experten), der die Analysen operativ durchführt. Der Pathfinder leistet die Vorarbeit, in dem er die Fragestellung des Controllings in analysefähige Datenmodelle überführt.[86]

Data Scientist

Um aus den stetig wachsenden Datenmengen, die in verschiedensten Datenformaten auftreten,[87] einen Mehrwert für das Unternehmen zu generieren, wurde die Rolle des Data Scientist geschaffen.[88] Seine Aufgabe ist es, Muster in Daten zu erkennen und Besonderheiten (Anomalien) festzustellen. Anschließend gilt es nachzuforschen, ob daraus Rückschlüsse und Erläuterungen auf die reale Welt gezogen werden können.[89] Gerade diese Vorschau, was in Zukunft passieren wird, ist notwendig, um Unternehmen vor negativen Entwicklungen zu bewahren.[90]

Die Frage ob der Data Scientist im Controlling anzusiedeln ist, oder eigenständig neben dem Controlling existiert, ist nicht ganz eindeutig beantwortet.[91] Im Idealfall sind beide, Controller und Data Scientist, auf Ihre Weise spezialisiert und arbeiten eng mit dem Management zusammen.[92]

---

[85] Vgl. Langmann, C. (2019): Digitalisierung im Controlling, S. 45.
[86] Vgl. Langmann, C. (2019): Digitalisierung im Controlling, S. 45.
[87] Siehe Kapitel 2.2.2 Big Data.
[88] Vgl. Horváth, P./ Aschenbrücker, A. (2014): Data Scientist: Konkurrenz oder Katalysator für den Controller?, S. 50.
[89] Vgl. Goerke, M./ Seif, H. (2019): Der Business Data Scientist S. 36.
[90] Vgl. Horváth, P./ Aschenbrücker, A. (2014): Data Scientist: Konkurrenz oder Katalysator für den Controller?, S. 53.
[91] Vgl. Horváth, P./ Aschenbrücker, A. (2014): Data Scientist: Konkurrenz oder Katalysator für den Controller?, S. 55 f.; Goerke, M./ Seif, H. (2019): Der Business Data Scientist, S. 39.
[92] Vgl. Horváth, P./ Aschenbrücker, A. (2014): Data Scientist: Konkurrenz oder Katalysator für den Controller?, S. 55 f.

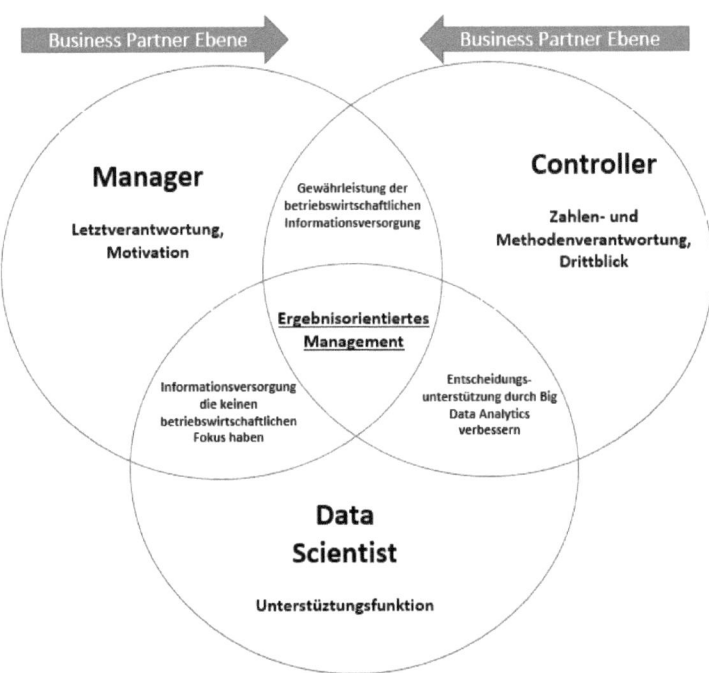

Abbildung 5: Aufgabenverteilung von Manager, Controller und Data Scientst

Quelle: Eigene Abbildung in Anlehnung an Horváth, P./ Aschenbrücker, A. (2014): Data Scientist: Konkurrenz oder Katalysator für den Controller?, S. 57; Schäffer, U./ Weber, J. (2014): Controller – Eine gefährdete Spezies?. S. 87 f.

Das Problem, welches sich bei der Spezialisierung auf einzelne Rollen herauskristallisiert, ist; dass diese meistens mit der Größe des gesamten Unternehmens und mit der des Controllings zusammenhängen. In der Regel haben kleine und mittlere Unternehmen (KMU) begrenzte Kapazitäten für die Personalplanung in Abteilungen wie dem Controlling, weshalb die Frage nach spezialisierten Rollen sich erst gar nicht stellt. Nicht selten muss ein Controller in KMU alle Rollen in sich vereinen.[93]

---

[93] Vgl. Langmann, C. (2019): Digitalisierung im Controlling, S. 45.

2.4.2 Auswirkung auf Kompetenzen des Controllings

Neben dem bereits vorhandenen Fachwissen z. B. über die Controlling-Prozesse braucht der „Digitale Controller" weitere Kompetenzen.[94] Dabei ist es wichtig, dass jedes Unternehmen ein eigenes spezifisches Kompetenzmodell besitzt, um ein einheitliches und konkretes Verständnis für die neuen Aufgaben eines „Digitalen Controllers" zu bekommen.[95] Abbildung 6 zeigt ein Beispiel für ein Kompetenzmodell eines „Digitalen Controllers". In diesem Beispiel werden dem „Digitalen Controller" fünf Kernkompetenzen zugeordnet, die im Nachfolgenden kurz erklärt werden.

Geschäftsverständnis

Der „Digitale Controller" muss sowohl Verständnis über einzelne operative Prozesse haben, als auch einen strategischen Überblick über das Gesamtgeschäft besitzen.[96] Dabei darf die Sicht nicht nur auf das eigene Unternehmen beschränkt werden, sondern es ist erforderlich, dass Markttrends und Entwicklungen mit in die Reports einbezogen werden, um frühzeitig auf Chancen und Risiken agieren zu können.[97] Auch der Blick auf neue Technologien hinsichtlich ihrer betriebswirtschaftlichen Potentiale darf nicht fehlen.[98]

Analysemethodik

Egal ob ein Unternehmen einen extra Posten für ein Data Scientist besitzt oder nicht, der „Digitale Controller" wird künftig selbst einfache Analytics-Modelle entwerfen, berechnen oder validieren müssen. Für diese Auswertungen werden Statistik und Analytics Kompetenzen benötigt.[99] Weiterhin benötigt er diese Kompetenzen, um über die Einsatz- und Nutzungsmöglichkeiten von neuen Analyseverfahren urteilen zu können.[100]

---

[94] Vgl. Egle, U./ Keimer, I. (2018): Kompetenzprofil „Digitaler Controller", S. 51.
[95] Vgl. Möller, K./ Seefried, J./ Wirnsperger, F. (2017): Wie Controller zu Business Partnern werden, S. 67.
[96] Vgl. Goerke, M./ Seif, H. (2019): Der Business Data Scientist, S. 38.
[97] Vgl. Egle, U./ Keimer, I. (2018): Kompetenzprofil „Digitaler Controller", S. 52.
[98] Vgl. Seufert, A./ Kruk, K. (2016): Digitale Transformation und Controlling: Herausforderungen und Implikationen dargestellt am Beispiel der BASF, S. 160.
[99] Vgl. Langmann, C. (2019): Digitalisierung im Controlling, S. 46.
[100] Vgl. Seufert, A./ Kruk, K. (2016): Digitale Transformation und Controlling: Herausforderungen und Implikationen dargestellt am Beispiel der BASF, S. 160.

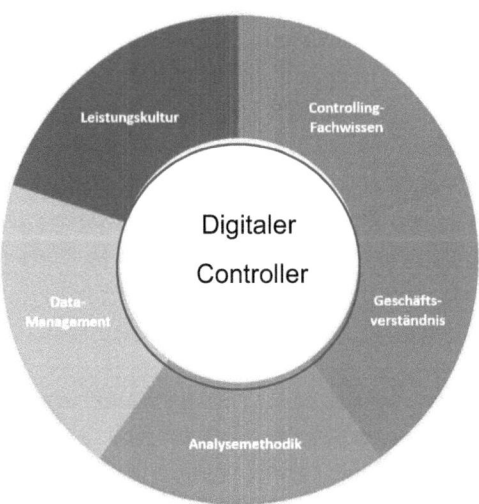

Abbildung 6: Kompetenzmodell

Quelle: Eigene Abbildung in Anlehnung an Egle, U./ Keimer, I. (2018): Kompetenzprofil „Digitaler Controller", S. 51; Seufert, A./ Kruk, K. (2016): Digitale Transformation und Controlling: Herausforderungen und Implikationen dargestellt am Beispiel der BASF, S. 160.

Data –Management

Der „Digitale Controller" muss sich im Klaren sein, wie die Daten im Unternehmen erfasst, aggregiert und gespeichert werden.[101] Dadurch können neue Informationsquellen, die zur Verbesserung der Unternehmensleistung führen, erkannt und erschlossen werden.[102] Die Kenntnisse über den Data-Management-Prozess helfen auch dabei, um die Datenaufbereitung möglichst produktiv zu gestalten.[103]

---

[101] Vgl. Egle, U./ Keimer, I. (2018): Kompetenzprofil „Digitaler Controller", S. 53.
[102] Vgl. Seufert, A./ Kruk, K. (2016): Digitale Transformation und Controlling: Herausforderungen und Implikationen dargestellt am Beispiel der BASF, S. 159.
[103] Vgl. Egle, U./ Keimer, I. (2018): Kompetenzprofil „Digitaler Controller", S. 53.

Leistungskultur

Da der „Digitale Controller" auf Augenhöhe mit dem Top-Management kommuniziert, benötigt er eine hohe Integrations- und Sozialkompetenz.[104] Um die Informationen glaubwürdig zu übermitteln, ist es von Vorteil, wenn er Kenntnisse im Bereich Storytelling[105] aufweisen kann.[106] Sehr selten können alle Aufgabengebiete von einem Controller erledigt werden, deshalb spielt Teamwork eine große Rolle.[107]

---

[104] Vgl. Egle, U./ Keimer, I. (2018): Kompetenzprofil „Digitaler Controller", S. 53; Goerke, M./Seif, H. (2019): Der Business Data Scientist, S. 38.
[105] Siehe Kapitel 4.3.4 Storytelling.
[106] Vgl. Langmann, C. (2019): Digitalisierung im Controlling, S. 48.
[107] Vgl. Egle, U./ Keimer, I. (2018): Kompetenzprofil „Digitaler Controller", S. 53.

3 Management Reporting

3.1 Definition

Unter dem Begriff Reporting gibt es in der Literatur unterschiedlich weit gefasste Definitionen.[108] Zu den Unterscheidungsmerkmalen gehören u. a. der Adressatenkreis der Berichte sowie die unterschiedliche Auffassung über die Prozesskette des Reportings.[109]

Laut Horváth und Taschner richtet sich das Reporting grundsätzlich an alle Anspruchsgruppen.[110] Dazu gehören externe Adressaten, die durch die Finanzberichterstattung im Rahmen gesetzlicher Berichtspflichten informiert werden sowie unternehmensinterne Adressaten z. B. Mitarbeiter, die mit Informationen aus dem Unternehmen und seiner Umwelt versorgt werden.[111] Weber versteht dagegen unter dem Reporting nur die Gesamtheit der an unternehmensinterne Adressaten gerichteten Berichte eines Unternehmens.[112] Spricht man speziell vom Management Reporting, so ist der Informationsadressat das Management.[113]

Hans Blohm, der „Klassiker" der deutschen Literatur zum Berichtswesen,[114] liefert eine weitreichende Definition. Das betriebliche Berichtswesen umfasst nach seiner Definition *„alle Einrichtungen, Mittel und Maßnahmen eines Unternehmens (...) zur Erarbeitung, Weiterleitung, Verarbeitung und Speicherung von Informationen über den Betrieb und seine Umwelt".*[115] Diese Definition zeigt, dass Blohm den Informationsversorgungsprozess als wichtigen Bestandteil des Reportings sieht. Dieser Auffassung ist auch Reichmann.[116]

---

[108] Vgl. Schön, D. (2018): Planung und Reporting im BI- gestützten Controlling, S. 17.
[109] Vgl. Horváth, P. (2008): Grundlagen des Management Reportings, S. 17-20.
[110] Vgl. Taschner, A. (2013): Management Reporting – Erfolgsfaktor internes Berichtswesen, S. 2 f.; Horváth, P. (2008): Grundlagen des Management Reportings, S. 18.
[111] Vgl. Taschner, A. (2013): Management Reporting – Erfolgsfaktor internes Berichtswesen, S. 36.
[112] Vgl. Weber, J./ Schaier, S./ Strangfeld, O. (2005): Berichte für das Top-Management: Ergebnisse einer Benchmarking-Studie, S. 13.
[113] Vgl. Horváth, P. (2008): Grundlagen des Management Reportings, S. 19.
[114] Vgl. Horváth, P. (2008): Grundlagen des Management Reportings, S. 18.
[115] Blohm, H. (1975): Informationswesen, Organisation, Sp. 1924-1930.
[116] Vgl. Reichmann, T. (2011): Controlling mit Kennzahlen, S. 12.

Horváth und Koch dagegen fassen die Definition wesentlich kürzer. Sie sind der Meinung, dass der Informationsversorgungsprozess nur zu einem Teil dem betrieblichen Berichtswesen zugeordnet werden kann. Die Phasen der Informationsbereitstellung und Informationsübermittlung sowie besonders die Informationsnutzung sind Teil des betrieblichen Berichtswesens, aber nicht die Phasen der Informationsbedarfsermittlung, Informationsbeschaffung und Informationserzeugung.[117]

Abbildung 7 zeigt noch einmal die Phasen der Informationsversorgung und verdeutlicht die beiden Ansätze.

---

[117] Vgl. Horváth, P. (2008): Grundlagen des Management Reportings, S. 19; Koch, R. (1994): Betriebliches Berichtswesen als Informations- und Steuerungsinstrument, S. 53 ff.

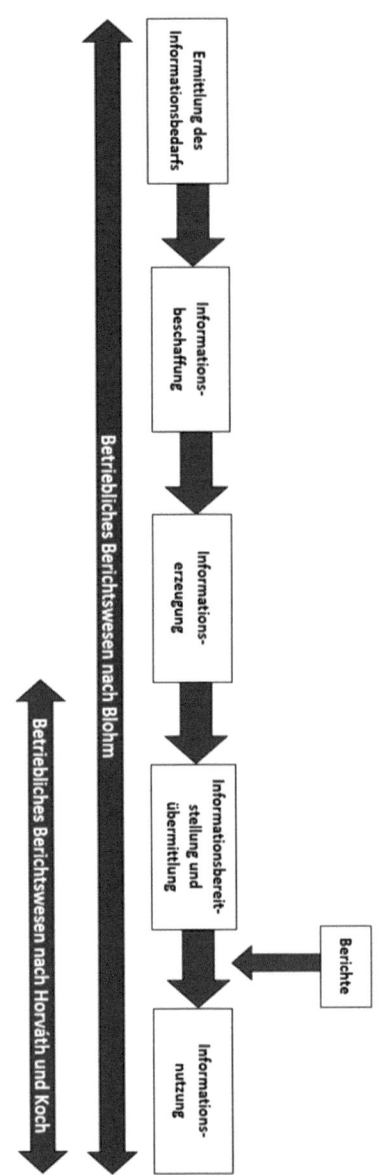

Abbildung 7: Prozesskette Informationsversorgung

Quelle; Horváth, P. (2008): Grundlagen des Management Reportings, S. 18.

Ob die Anfangsphasen des Informationsversorgungsprozesses wirklich vom Berichtswesen klar zu trennen sind ist fraglich, da gerade die Informationsbedarfsermittlung und die Beschaffung der Quelldaten wichtig für das Reporting sind. Auch die Aufbereitung und Verwaltung der Quelldaten stellt eine große Aufgabe für das Reporting dar, dass in der Praxis viel Aufwand und Ressourcen kostet.[118]

Wendet man diese gewonnenen Kenntnisse jetzt speziell auf das Management Reporting an, so kann man abschließend Management Reporting definieren als *„Teil des betrieblichen Berichtwesens (...), der die Aufgabe hat, das Management für Steuerungszwecke im Rahmen des Planungs-und Kontrollprozesses mit Informationen in Gestalt von Berichten zu versorgen."*[119]

3.2 Ziele und Funktionen vom Reporting

Ziel des Reportings ist es, aussagekräftige Informationen (Informationsfunktion) schnell und einfach bereitzustellen, um dem Berichtsempfängern bei dem Entscheidungs- und Steuerungsprozess (Steuerungsfunktion) unterstützen zu können.[120] Neben diesen zwei Hauptfunktionen, hilft das Reporting den verantwortlichen Mitarbeitern, die aktuelle Lage und die Zielvorgaben (Kontroll- und Analysefunktion) besser einschätzen zu können sowie auf zukünftige Situationen besser vorbereitet zu sein (Prognosevorbereitungsfunktion).[121] Weiterhin bietet das Reporting bei der Kommunikation und Koordination der Aufgaben zwischen Entscheidungsträgern unterschiedlicher Unternehmensbereiche Unterstützung (Kommunikation- und Koordinationsfunktion).[122] Es liefert Anregungen und motiviert zu wirtschaftlichen Maßnahmen (Motivationsfunktion) ggf. unterstützt durch Anreizsysteme (Anreizfunktion).[123]

Eine klare Zielorientierung ist dabei immer notwendig, so dass nur die Informationen gesammelt und verarbeitet werden, die auch einen Mehrwert für die Zielpersonen darstellen.[124] Die Fokussierung auf bestimmte Dateninhalte und die

---

[118] Vgl. Schön, D. (2018): Planung und Reporting im BI- gestützten Controlling, S. 18.
[119] Horváth, P. (2008): Grundlagen des Management Reportings, S. 20.
[120] Vgl. Botthof, H. J. (2014): Reporting: Dienstleistung der besonderen Art, S. 69; Schön, D. (2018): Planung und Reporting im BI- gestützten Controlling, S. 19.
[121] Vgl. Schön, D. (2018): Planung und Reporting im BI- gestützten Controlling, S. 19.
[122] Vgl. Schön, D. (2018): Planung und Reporting im BI- gestützten Controlling, S. 19.
[123] Vgl. Schön, D. (2018): Planung und Reporting im BI- gestützten Controlling, S. 19.
[124] Vgl. Botthof, H. J. (2014): Reporting: Dienstleistung der besonderen Art, S. 69.

Auflösung von Komplexität sind hierbei entscheidend.[125] Nicht selten möchte das Management aber ein vollständiges Datenbild haben, welches sich mit der Komplexitätsreduktion beißt. Hier wäre ein Lösungsvorschlag, dass Reporting gestuft von verdichteten bis zu detailliert aufgelösten Informationen zu gestalten.[126]

Abschließend kann man sich auf einige Kernfragen stützen, die das Reporting bestmöglich beantworten soll:[127]

- Warum soll berichtet werden? (Berichtszweck/Nutzen)
- Was soll berichtet werden? (Inhalt, Detaillierungsgrad)
- Wie soll berichtet werden? (Visualisierung, Medium)
- Wer soll für wen berichten? (Beteiligte am Berichtsprozess)
- Wann soll berichtet werden? (Zyklus und Zeitraum des Berichts)

3.3 Die klassischen Schritte im Reporting

Während in Kapitel 3.1 bereits die Prozesskette der Informationsversorgung mit ihren unterschiedlichen Ansätzen vorgestellt wurde, wird in diesem Kapitel der typische Reporting – Prozess aufgezeigt. Wie in Abbildung 8 zu erkennen ist, beginnt der Prozess mit der Datensammlung gefolgt von der Datenaufbereitung.

---

[125] Vgl. Botthof, H. J. (2014): Reporting: Dienstleistung der besonderen Art, S. 69.
[126] Vgl. Schön, D. (2018): Planung und Reporting im BI- gestützten Controlling, S. 20.
[127] Vgl. Antony, R. N./ Dearden, J./ Vancil, R. F. (1972): Management control system – text, cases and readings.

Management Reporting

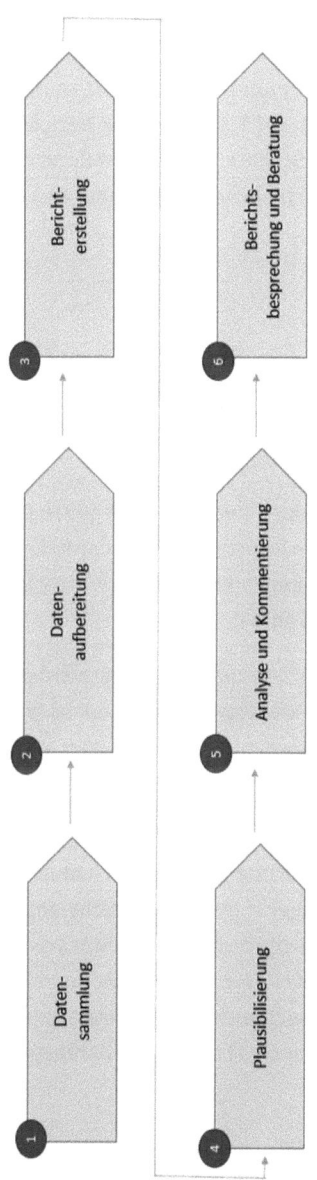

Abbildung 8: Typische Prozessschritte im Reporting-Prozess
Quelle: Langmann, C. (2019): Digitalisierung im Controlling, S. 12.

Das bedeutet, dass hier der Ansatz von Blohm verfolgt wird, da die Sammlung und Aufbereitung von Daten bzw. Informationen noch immer ein enormer Aufwand des Reporting – Prozesses in Anspruch nimmt und deshalb zu den klassischen Schritten im Reporting gehören. Bevor der Controller die Berichte analysieren und kommentieren kann, erfolgen die Schritte Berichterstellung und Plausibilisierung. Zum Abschluss erfolgt die Berichtsbesprechung und anschließend werden Maßnahmen festgelegt.

3.4 Berichtsarten

Beim Reporting werden Berichte nach ihren Berichtsmerkmalen unterschieden. In der Literatur und Praxis hat sich durchgesetzt, dass die Berichte aufgrund ihrer „Erscheinungsweise" und ihrem „auslösenden Ereignis" nach Standardberichten, Abweichungsberichten und Bedarfsberichten kategorisiert werden.[128]

Die Standardberichte erfolgen zu festen Terminen und Zyklen an genau bestimmte Adressaten. Der Inhalt und die Struktur der Berichte werden vorab zusammen mit den Empfängern soweit festgelegt, dass möglichst keine bzw. wenige Informationslücken für den Empfänger entstehen können.[129]

Abweichungsberichte erfolgen nicht zu festen Terminen, sondern werden anlassbezogen erstellt. Dies bedeutet, wenn durch eine Abweichungsanalyse (z. B. Plan-Ist-Vergleich) ermittelt wird, dass größere Abweichungen existieren, werden die Empfänger auf den entstandenen steuerungsrelevanten Sachverhalt aufmerksam gemacht.[130]

Bedarfsberichte oder häufig auch Ad-hoc-Reporting genannt,[131] richten sich nach den individuellen Bedürfnissen der Empfänger. Sie werden dann angefordert, wenn die Informationen nicht aus den Standardberichten abgeleitet werden können. Bei den Berichten existiert kein standardisierter Prozess, denn zum Teil muss der vorliegende Datenbestand um die noch nicht verfügbaren Daten erweitert werden und auf die Gestaltung der Datenabfrage individuell angepasst werden.[132]

---

[128] Vgl. Horváth, P. (2011): Controlling, S. 535; Barth, T./ Barth, D. (2008): Controlling, S. 151.
[129] Vgl. Schön, D. (2018): Planung und Reporting im BI- gestützten Controlling, S. 49.
[130] Vgl. Horváth, P. (2008): Grundlagen des Management Reportings, S. 21.
[131] Vgl. Schön, D. (2018): Planung und Reporting im BI- gestützten Controlling, S. 50.
[132] Vgl. Schön, D. (2018): Planung und Reporting im BI- gestützten Controlling, S. 50.

3.5 Herausforderungen und Probleme im Reporting

Durch das globale und zunehmend volatile Marktumfeld entstehen für die Berichterstattung permanent neue Herausforderungen.[133] Um diesen Herausforderungen heute und auch in Zukunft optimal gewachsen zu sein, muss sich das Reporting laufend mit neuen Anforderungen weiterentwickeln.[134] Studien zeigen, die größte Herausforderung ist den Zukunftsbezug des Reportings zu steigern und dabei externe Informationen mit einzubinden.[135] Das Thema der Zukunftsorientierung steht schon seit mehreren Jahren im Fokus der Controller. Dass dies noch nicht im gewünschten Umfang implementiert ist, zeigt, dass nur weniger als ein Viertel der befragten Unternehmen mit ihren Prognosedarstellungen zufrieden sind.[136]

Controller müssen sich heute oft selbst die Frage stellen, ob ihre Prozesse effizient gestaltet sind. Denn die zweitgrößte Herausforderung liegt darin, schneller und effizienter zu berichten.[137] Analysen zeigen, dass für die ersten vier Schritte des Reporting-Prozesses ca. 70 % des gesamten Aufwands benötigt werden.[138] Das bedeutet, dass ein Großteil des Aufwands im Reporting-Prozess noch immer in nicht wertschöpfenden Aktivitäten liegt.[139] Horváth sagt, dass jedes dritte Unternehmen angibt, den Aufwand im Management Reporting deutlich reduzieren zu wollen.[140]

Neben der Effizienzsteigerung gilt es in Zukunft Berichte auch flexibler und entscheidungsorientierter zu gestalten.[141] Gerade die Kommentarfunktion sollte das

---

[133] Vgl. Aschenbrücker, A./ Horváth, P./ Michel, U. (2014): Controlling im volatilen Umfeld, S. 4 ff.
[134] Vgl. Gräf, J./ Isensee, J./ Mehanna, W. (2014): Management Reporting: Aufgaben, Konzeption und Umsetzung, S. 27.
[135] Vgl. PWC (Hrsg.): Integrated Reporting in Germany – The DAX 30 Benchmark Survey 2014, S. 10 ff./ KPMG (Hrsg): Integrated Reporting – Geschäftsberichte neu gedacht, S. 4 ff./ Horváth & Partners (Hrsg.): KPI-Studie 2013 – Effektiver Einsatz von Kennzahlen im Management Reporting.
[136] Vgl. Gräf, J./ Isensee, J./ Mehanna, W. (2014): Management Reporting: Aufgaben, Konzeption und Umsetzung, S. 28.
[137] Vgl. Schneider, C. (2016): Management Reporting: Stand und Herausforderungen, S. 32.
[138] Vgl. Horváth & Partners (Hrsg.): KPI-Studie 2013 – Effektiver Einsatz von Kennzahlen im Management Reporting.
[139] Vgl. Langmann, C. (2019): Digitalisierung im Controlling, S. 12.
[140] Vgl. Horváth, P./Klein, A./Gräf, J. (2014): Experten-Interview zum Thema „Management Reporting & Business Intelligence", S. 18.
[141] Vgl. Schneider, C. (2016): Management Reporting: Stand und Herausforderungen, S. 32.

Management unterstützen, indem es auf Abweichungen hinweist und Maßnahmen vorschlägt. Doch momentan dominieren aus Zeitgründen wiederholende Phrasen mit deskriptiven Vergleichen zu Vorjahres- und Planwerten.[142]

Eine weitere Herausforderung ist es, die Datenqualität und -konsistenz zu sichern bzw. zu verbessern und den Grad der Standardisierung auszubauen.[143] Dafür ist es entscheidend, dass einheitliche IT-Systeme für die Datensammlung und -auswertung existieren. Momentaner Stand ist, dass Daten häufig aus unterschiedlichen IT-Systemen gewonnen werden und anschließend in Excel analysiert und aufbereitet werden. Neben dem bereits angesprochenen extremen Zeitaufwand ist dieser Prozess auch fehleranfällig und kann oftmals zu fehlender Datenkonsistenz führen.[144]

Im nachfolgenden Kapitel wird das Reporting 4.0 vorgestellt und die damit verbundenen Lösungsansätze präsentiert.

---

[142] Vgl. Holinski, B. (2014): Berichte gekonnt kommentieren: Was Controller von Twitter lernen können, S. 60 ff.; Schneider, C. (2016): Management Reporting: Stand und Herausforderungen, S. 36.

[143] Vgl. C. (2016): Management Reporting: Stand und Herausforderungen, S. 32.

[144] Vgl. C. (2016): Management Reporting: Stand und Herausforderungen, S. 35.

4 Reporting 4.0

Um den Herausforderungen und Problemen im Reporting gewachsen zu sein, hat sich das Reporting 4.0 entwickelt. Dieser Begriff bezieht sich wie der Begriff Industrie 4.0 auf die vierte industrielle Revolution. Die vierte industrielle Revolution ist einerseits die intelligente Vernetzung auf Basis von Cyber-Physischen Systemen[145], andererseits aber auch, speziell in Bezug auf das Reporting, den Reporting-Prozess durch die Fortschritte der Digitalisierung effizienter und effektiver gestalten. Vereinfacht ausgedrückt bedeutet Reporting 4.0 „modernes Reporting", welches nachfolgend in einzelnen Prozessschritten erläutert wird.

4.1 Datensammlung

Der Prozess der Datensammlung darf aufwandstechnisch nicht unterschätzt werden. Nach einer Studie von Horvath und Partners werden 21 % des Gesamtaufwands für die Datensammlung benutzt.[146] Gerade beim Ad-hoc Reporting müssen die Daten häufig aus unterschiedlichen Datenquellen mittels Excel zusammengesetzt werden. Deshalb ist es wichtig, dass Reporting 4.0 Verbesserungsmöglichkeiten aufzeigt, um den Aufwand zu reduzieren. Die Daten sind dabei der entscheidende Faktor für eine erfolgreiche Digitalisierung. Denn Daten stellen die Brücke zwischen Kunden, Leistungsangebot, eigner Leistungserstellung und Zuliefernetzwerk her.[147] Dabei gibt es in Unternehmen eine Vielzahl von unterschiedlichen Datenarten. Die Stammdaten zählen, neben den Bewegungs- und Bestandsdaten zu den wichtigsten Datengütern. Sie stellen das Fundament für die anderen Daten her.[148] Zu den häufigsten verwendeten Stammdaten in Unternehmen zählen Material-, Lieferanten-, Kunden-, Finanz-/ Controlling- und Personalstammdaten.[149]

---

[145] Siehe Kapitel 2.2.3 Internet of Things.
[146] Vgl. Horváth & Partners (Hrsg.): KPI-Studie 2013 – Effektiver Einsatz von Kennzahlen im Management Reporting.
[147] Vgl. Otto, B./ Legner, C. (2016): Master Data erfolgreich managen, S. 9.
[148] Vgl. Otto, B./ Legner, C. (2016): Master Data erfolgreich managen, S. 9; Für mehr Informationen zu den unterschiedlichen Datenarten siehe Ennemann, M./ Rücker, J. (2016): Mit validen Stammdaten in die Zukunft, S. 25.
[149] Vgl. Ennemann, M./ Rücker, J. (2016): Mit validen Stammdaten in die Zukunft, S. 25.

Grundlage für eine effiziente und effektive Datensammlung ist eine schlanke, verlässliche und aktuelle Datenstruktur.[150] Diese Struktur wird nicht allein durch eine neue Software-Lösung erreicht, sondern in erster Linie ist es eine Organisationsaufgabe.[151] Um dies zu gewährleisten, ist die Implementierung einer unternehmensweiten Data Governance als strategisches Mittel unumgänglich. Data Governance beschreibt alle Maßnahmen, Gesetze, die helfen den Wert der zur Verfügung stehenden Daten zu erhalten und zu steigern.[152] Eine aktuelle Studie zeigt, dass viele Unternehmen mit der Einführung von Data Governance noch zögern.[153] Gründe hierfür sind u. a. mangelnde Ressourcen für den Aufbau einer Data Governance oder fehlende Unterstützung des Managements.[154] Statt direkt mit der Einführung einer Data Governance zu beginnen, lohnt es sich auch in kleinen Schritten das Stammdaten-Management zu verbessern. Abbildung 9 zeigt eine Übersicht über die Dimensionen, die das Stammdaten-Management beeinflussen.

Abbildung 9: Übersicht Dimensionen im Stammdaten-Management

Quelle: Ennemann, M./ Rücker, J. (2016): Mit validen Stammdaten in die Zukunft, S. 27.

---

[150] Vgl. Ennemann, M./ Rücker, J. (2016): Mit validen Stammdaten in die Zukunft, S. 25.
[151] Vgl. Otto, B./ Legner, C. (2016): Master Data erfolgreich managen, S. 9.
[152] Vgl. Marmonti, S. (2019): Der Controller als Data Steward, S. 65.
[153] Vgl. Seidler, L./ Grosser, T. (2018): Data Stewardship – Wegbereiter für Analytik, BARC Resarch Study.
[154] Vgl. Marmonti, S. (2019): Der Controller als Data Steward, S. 65.

Bereits beim Grundgerüst des Stammdaten-Managements liegt häufig einer der größten Fehlerquellen im Unternehmen vor; eine „zerklüftete" IT-Landschaft. Diese entsteht z. B. häufig bei Unternehmen, die schon lange bestehen und stetig gewachsen sind.[155] Eine „zerklüftete" IT-Landschaft wird auch föderales System genannt. Dabei existieren mehrere, voneinander unabhängige Stammdaten-Management-Systeme, die ihre relevanten Daten für den Konzernabschluss an ein unternehmenszentrales Business-Intelligence-System senden.[156] Das Problem, welches sich beim föderalen System erkennen lässt, ist, dass Datenkonsistenz und Datenredundanz[157] nicht gewährleistet sind.

Um die Sammlung von Daten effektiver und effizienter zu gestalten und um fortan dafür zu sorgen, dass Datenkonsistenz und Datenredundanz vorliegen, ist die Integration von Daten notwendig. Unter der Integration von Daten versteht man, dass mehrere Daten aus unterschiedlichen Quellen, Datenbanken in ein einheitliches System zusammengeführt werden.[158] Dieses System wird häufig harmonisiertes System oder Single Point of Truth genannt. Alle Stammdaten werden zentral im Unternehmen bzw. in der Konzerngruppe gespeichert und verwaltet. Dies stellt sicher, dass jeder Wert nur einmal existiert und minimiert manuelle Anpassungen.[159]

Für die praktische Umsetzung eines harmonisierten Systems ergeben sich fachliche und technische Anforderungen. Die technische Anforderung wird durch den Einsatz einer einheitlichen, modernen Datenbankplattform, auch Enterprise Data Warehouse genannt, die riesige Datenmengen unterschiedlichster Formate integriert, sichergestellt.[160] Allerdings muss man hier ergänzen, dass in einigen Unternehmenssituationen der Ansatz alle Daten in nur einem physischen Datenmodell abzubilden nicht möglich ist. Entweder hat dies technische Gründe, aufgrund

---

[155] Vgl. Ennemann, M./ Rücker, J. (2016): Mit validen Stammdaten in die Zukunft, S. 27.
[156] Vgl. Ennemann, M./ Rücker, J. (2016): Mit validen Stammdaten in die Zukunft, S. 26.
[157] Gabler Wirtschaftslexikon (Hrsg.): Datenkonsistenz: Innerhalb einer Datenbank müssen die Daten widerspruchsfrei und vollständig vorliegen; Datenredundanz bezeichnet, dass mehrfache Führen der gleichen Daten, welches als nicht Notwendig angesehen wird.
[158] Vgl. Gabler Wirtschaftslexikon (Hrsg.): https://wirtschaftslexikon.gabler.de/definition/datenintegration-31223.
[159] Vgl. Dörfner, S./ Kläsener, M. (2018): Predictive Planning im Mittelstand: Vorteile und Umsetzung in 5 Schritten, S. 180; Ennemann, M./ Rücker, J. (2016): Mit validen Stammdaten in die Zukunft, S. 26.
[160] Vgl. Marmonti, S. (2019): Der Controller als Data Steward, S. 66.

von z. B. zu hohem Datenvolumen, oder es ist schlicht zu komplex und zu teuer.[161] Hier muss eine physische Trennung der einzelnen Datentöpfe erfolgen, die aber alle logisch verknüpft werden sollten.[162]

Die fachlichen Anforderungen, welche oft größer sind als die technischen Anforderungen, ergeben sich z. B. aus Richtlinien, die bestimmen aus welchen Systemen die Daten übernommen werden und welche Betrachtungsweisen es geben soll.[163] Hier ist es wichtig, dass klare Vorgehensweisen existieren und ausreichend Fachwissen im Unternehmen vorhanden ist. Zusätzlich muss das Top-Management in den Prozess mit einbezogen werden. Diese fachlichen Anforderungen gehören bereits in die Compliance sowie in die Governance Dimensionen, die in der Abbildung 9 ersichtlich ist.

Die Dimensionen Qualität und Prozesse lassen sich verbessern, indem neue Rollen wie die des Data Scientist oder die des Data Stewards in Unternehmen eingeführt werden. Die Rolle des Data Scientist wurde bereits in Kapitel 2.4.1 erläutert. Der Data Steward sorgt dafür, dass die Data Governance-Aufgaben umgesetzt werden. Um die Qualität zu verbessern, kümmert er sich um die Sammlung, Steuerung, Pflege, Überwachung und Verarbeitung der Datensätze.[164] Obwohl man hier anmerken muss, dass eine große Verbesserung der Qualität und der Prozesse nur dann zustande kommen kann, wenn die IT-Landschaft aktualisiert wurde. Prozesse sollten dennoch stetig hinterfragt werden, ob sie heutzutage noch effizient und effektiv sind und falls nicht, sollten diese Prozesse vereinfacht werden. Durch den Einsatz einer Prozessanalyse können nachhaltige und praxistaugliche Maßnahmen zur Prozessoptimierung identifiziert und implementiert werden.[165] Dabei muss der Fokus auch immer mehr auf dem Thema Automatisierung liegen. Viele bislang manuell ausgeführte Prozesse sind gut automatisierbar, aber in der Praxis leider noch nicht weit verbreitet.[166] Mehr zum Thema Automatisierung wird in Kapitel 4.2.3 erläutert.

---

[161] Vgl. Heinzelmann, M. (2008): IT-Lösungen für das Management Reporting, S. 99.
[162] Vgl. Heinzelmann, M. (2008): IT-Lösungen für das Management Reporting, S. 99.
[163] Vgl. Bär, R./ Purtschert, P. (2014): Lean-Reporting: Optimierung der Effizienz im Berichtswesen, S. 16.
[164] Vgl. Marmonti, S. (2019): Der Controller als Data Steward, S.65.
[165] Vgl. Ennemann, M./ Rücker, J. (2016): Mit validen Stammdaten in die Zukunft, S. 29.
[166] Vgl. Ennemann, M./ Rücker, J. (2016): Mit validen Stammdaten in die Zukunft, S. 30.

Nachfolgend wird nochmal stichpunktartig zusammengefasst, welche Faktoren insbesondere zu beachten sind, um ein neues Stammdaten-Management erfolgreich einzuführen:[167]

- Unterstützung des Top-Managements für die neue Struktur,
- Alle betroffenen Mitarbeiter sind in den Prozess involviert und werden geschult,
- Einrichtung einer einheitlichen IT-Landschaft,
- Klare Governance-Regeln
  - zur einheitlichen Pflege und Validierung der Stammdaten,
  - für einheitliche und gut strukturierte Prozesse,
  - Regularien zur Datenqualität, Datenerfassung und Einhaltung der Compliance.
- Einführung von Kontrollen für System und Prozesse, um Fehlerquellen schnellstmöglich zu erkennen.

In der Zeitschrift Controlling und Management wird hervorgehoben, dass erst wenn ein Unternehmen sein Stammdaten-Management verbessert hat, weitere Digitalisierungsstufen Sinn machen bzw. es erst dann die Potenziale der Digitalisierung nutzen kann.[168] Diesem Statement kann man allerdings nur zu einem gewissen Teil zustimmen. Denn zu den Potenzialen der Digitalisierung gehört, wie schon bereits erwähnt, das Thema Automatisierung und es gibt immer Prozesse, die sich mit den einfachsten Möglichkeiten automatisieren lassen. Folglich lohnt es sich immer Prozesse zu automatisieren, um hiermit Aufwand und Kapital einzusparen.

4.2 Datenaufbereitung

Einige der nachfolgenden Begriffe betreffen neben der Datenaufbereitung auch die Datensammlung und die Berichterstellung, wurden aber hier aus Vereinfachungsgründen eingeordnet.

---

[167] Vgl. Ennemann, M./ Rücker, J. (2016): Mit validen Stammdaten in die Zukunft, S. 27, 29; Marmonti, S. (2019): Der Controller als Data Steward, S. 64 f.

[168] Vgl. Marmonti, S. (2019): Der Controller als Data Steward, S. 65; Otto, B./ Legner, C. (2016): Master Data erfolgreich managen, S. 9.

4.2.1 Excel als Standardsoftware

Excel ist noch immer das weit verbreitetste und beliebteste Analysewerkzeug in den Unternehmen und zwar unabhängig von der Unternehmensgröße.[169] Dies ist vor allem deshalb beeindruckend, da es schon längst neue immer professioneller werdende Analysetools gibt.[170] Der Hauptgrund dafür ist, dass Excel extrem preiswert ist. Die Anschaffungskosten sind sehr gering und Kosten für Wartung oder ähnliches fallen nicht an; äußerstenfalls für Updates.[171] Das fehlende Know-how über neue Analysetools und Motivationsmangel für Neuerungen können weitere Gründe sein. Nachfolgend werden einige Punkte aufgezeigt, die für und gegen den Einsatz von Excel im Controlling sprechen:[172]

Was für Excel spricht:

1. **Schneller Einstieg**

Selbst ohne große Vorkenntnisse kann man Excel sofort anwenden. Dabei liefert Excel eine relativ intuitive Nutzerführung und verfügt bei Bedarf über eine Hilfefunktion.

2. **Hohe Flexibilität und schnelle Anpassbarkeit**

Zentraler Vorteil von Excel ist die hohe Flexibilität. Eine Reporting-Struktur kann schnell erstellt, verändert oder angepasst werden.

3. **Einfache Visualisierung von Ergebnissen**

Mit geringem Aufwand können Daten, Zahlen und Auswertungen visualisiert werden, so dass zentrale Aussagen auf einem Blick erkennbar sind. Hier muss man allerdings anmerken, dass Excel stark begrenzt ist und sich neben Pivot-Tabellen lediglich einfache Grafiken erstellen lassen.

---

[169] Vgl. Erichsen, J. (2018): Excel im Controlling: Empfehlungen für einen erfolgreichen Einsatz, S. 43; Becker, W./ Ulrich, P. (2015): Benchmarking-Studie Controlling, S. 58, 68.

[170] Vgl. Erichsen, J. (2018): Excel im Controlling: Empfehlungen für einen erfolgreichen Einsatz, S. 43.

[171] Vgl. Erichsen, J. (2018): Excel im Controlling: Empfehlungen für einen erfolgreichen Einsatz, S. 43.

[172] Siehe dazu: Erichsen, J. (2018): Excel im Controlling: Empfehlungen für einen erfolgreichen Einsatz, S. 43-49.

4. Einfache Arbeiten lassen sich automatisieren

Fortgeschrittene Anwender können zahlreiche wiederkehrende Aufgaben automatisieren, indem sie Visual Basic for Applications (VBA) nutzen. Dies reduziert den Aufwand und die Fehleranfälligkeit von manuellen Tätigkeiten.

5. Professionelles BI-Programm ist kein Allheilmittel

Trotz professionellem BI-Programm müssen oft Anpassungen vorgenommen werden. Je kleiner das Unternehmen, desto spezieller sind oft die Anforderungen. Müssen kurzfristige Änderungen erfolgen, muss man bei einem BI-Programm häufig auf einen Spezialisten warten, während man in Excel Anpassungen selbst vornehmen kann.

Was gegen Excel spricht:

1. Unüberlegtes Vorgehen führt oft zu Chaos

Da Anpassungen einfach möglich sind, starten viele Anwender direkt, ohne sich im Vorfeld Gedanken über gewünschte oder benötigte Strukturen zu machen. Letztendlich wird immer wieder nachgebessert und es folgt ein Chaos, bei dem selbst der Ersteller nicht mehr die Übersichtlichkeit bewahrt. Fehlt am Ende noch die Dokumentation über den Bericht und der Ersteller scheidet aus dem Unternehmen aus, ist die Gefahr groß, dass der Bericht neu erstellt werden muss.

2. Fehleranfälligkeit steigt mit zunehmender Komplexität

Sind die Berichte so komplex, dass viele Formeln, Makros und Verknüpfungen in einem Bericht zusammenkommen, kann es leicht passieren, dass sich Fehler einschleichen, die nur schwer zu erkennen sind. Nicht selten fallen Formelfehler erst Monate später auf, nachdem der Bericht schon an viele Adressaten verschickt wurde.

3. Zu starker Fokus auf Excel gefährdet Umsetzung der Digitalisierung

Zu starker oder alleiniger Fokus auf Excel, birgt das hohe Risiko den Anschluss an die digitale Transformation zu verlieren und damit langfristig nicht mehr konkurrenzfähig zu bleiben. Deshalb ist es entscheidend, dass man trotz Zeit- und Ressourcenknappheit Ausschau nach neuen Programmen hält, die das Reporting effizienter und effektiver gestalten können.

4. Benutzerfreundlichkeit sinkt durch statisches Reporting

Berichte, die mit Hilfe von Excel erstellt werden, werden häufig als PDF-Datei abgespeichert oder liegen dem Management in Papierform vor. Durch dieses statische Reporting sinkt die Benutzerfreundlichkeit. Neue BI-Programme haben bereits Funktionen integriert, bei denen der Anwender in einzelne Sachverhalte detailliert navigieren kann oder verfügen über Drag-and-Drop Funktion, die das Reporting weiter dynamisch gestalten.

Abschließend lässt sich sagen, dass Excel als Analysewerkzeug im Controlling nicht mehr wegzudenken ist. Die einfache Bedienbarkeit und die hohe Flexibilität sprechen für die weitere Nutzung von Excel. Wichtig ist, dass man sich über die Nachteile im Klaren ist, versucht die Fehlerquellen zu vermeiden und schaut nach neuen digitalen Möglichkeiten Ausschau, um den Anschluss an die Konkurrenz nicht zu verlieren.

4.2.2 Reporting Factory

Da die Beschaffung von Daten und deren Aufbereitung beim Reporting einen enormen Aufwand an Ressourcen verbrauchen und für die anschließende Analyse und Kommentierung nicht viel Zeit übrigbleibt, wurde der Ansatz „Reporting Factory" entwickelt. Die Reporting Factory ist grundsätzlich für die Erstellung unternehmensweiter Berichte zuständig und entlastet somit die Controlling-Organisation.[173] Dabei wird der schon seit längerem etablierte Ansatz eines „Shared Service Centers"[174] verfolgt und auf das Reporting angewendet. Die Reportingaufgaben wie z. B. Datenaufbereitung, Berichterstellung und auch die Sammlung von Daten werden an einer Stelle im Unternehmen gebündelt und standardisiert.[175]

Die Bündelung und Zentralisierung der Reportingaufgaben verfolgt dabei drei Ziele:[176]

---

[173] Vgl. Feichter, A./ Ruthner, R./ Schwarzl, P. (2016): Intelligente Zentralisierung als Ansatz für die Optimierung der Reporting-Prozesse, S. 73.

[174] Vgl. Krüger, W./ Danner, M. (2004): Einsatz von Shared Service Centern für Finanzfunktionen.

[175] Vgl. Michel, U./ Kirchberg, A. (2008): Reporting Factory – Gestaltung, Aufbau und Einordnung in den Finanzbereich, S. 311.

[176] Vgl. Schmitz, M./ Lawrenz, A./ Drerup, B. (2016): Reporting Factory in Controllingbereichen, S. 430; Keuper, F./ Albrecht, T./ Hintzpeter, R. (2008): Kooperativ gegründete Shared-Controlling- Center für kleine und mittlere Unternehmen, S. 354 f.

1. Kostenreduktion bzw. Effizienzsteigerung

Durch die Einführung einer Reporting Factory soll eine effiziente, größtenteils automatisierte Berichterstellung inklusive Berichtverteilung sichergestellt werden. Aufgrund von großen Transaktionsvolumen und den damit verbundenen Economies of Scale, können diese Kosten erheblich reduziert werden. Hier wird häufig von Center of Scale gesprochen.[177] Weiterhin können Kosteneinsparungen beim Personal, sowie bei der IT z. B. durch Cloud Computing[178] erreicht werden.

2. Komplexitätsreduktion bzw. Effektivitätssteigerung

Eine Effektivitätssteigerung wird erreicht, indem die Komplexität der Datenmengen reduziert wird. Dass bedeutet, die zentrale Einheit hat die Aufgabe, die Reporting-Prozesse im gesamten Unternehmen zu harmonisieren bzw. zu standardisieren. Die Vergleichbarkeit der Kennzahlen zwischen den dezentralen Einheiten ist erst gegeben, wenn diese auf die gleiche Art und Weise berechnet werden und gleichzeitig die Daten zur Berechnung aus einer einheitlichen Datenbasis stammen.

3. Bündelung von Experten Know-how

Mit der Einführung einer Reporting Factory wird das Experten Wissen zentral gebündelt und es kann ein interner Wissensaustausch stattfinden. Dies steigert zum einen die Innovationskraft und zum anderen wird das Risiko bei Engpasssituationen reduziert. Deshalb wird auch häufig der Begriff Reporting Factory mit den Begriffen Expert Center oder Center of Expertise in Verbindung gebracht.[179] Darüber hinaus wird die Qualität der Daten besser gesichert, da die Daten einerseits zentral gelagert werden und andererseits können die Daten durch die erhöhten Kapazitäten besser überwacht werden.

---

[177] Vgl. Kagelmann, U. (2001): Shared Services als alternative Organisationsform – am Beispiel der Finanzfunktion im multinationalen Konzern, S. 89.
[178] Siehe Kapitel 2.2.4 Cloud Computing.
[179] Vgl. Kagelmann, U. (2001): Shared Services als alternative Organisationsform – am Beispiel der Finanzfunktion im multinationalen Konzern, S. 89.

Nachdem die Reporting Factory die Berichte erstellt hat, werden sie an dezentrale Controller übergeben. Diese sind nah am Geschäftsgeschehen und sind dafür spezialisiert, um finale Analysen und Kommentierungen durchzuführen.[180] Diese Controller nehmen dann die Rolle des Business Partners ein und liefern einen direkten Mehrwert für das Management.[181]

Der Ansatz der Reporting Factory wird bereits von einigen Unternehmen verfolgt. Bereits im Jahre 2013 hatte nach einer Studie von Horvath und Partners ein Viertel der Befragten eine Reporting Factory im Einsatz. Während weitere 15 % den Aufbau einer Reporting Factory im Unternehmen planen.[182]

Bevor man mit dem Aufbau einer Reporting Factory beginnt, muss zuerst der Umfang des Tätigkeitsbereiches festgelegt werden. Das bedeutet, es muss vereinbart werden, welche Reports die zentrale Einheit zu erstellen hat und an wen diese verschickt werden sollen.[183] Zum Beispiel kann der Fokus der Reporting Factory auf sogenannten „Massenreports" liegen, die für viele Abteilungen gedacht sind oder aber die Reporting Factory konzentriert sich rein auf das Management Reporting.[184] Es können aber auch beide dieser Ansätze miteinander verknüpft werden. In der Abbildung 10 sieht man, wie die Tätigkeitsbereiche einer Reporting Factory eingeteilt sein können. Bei den sogenannten „Massenreports" wird sich größtenteils um einfachere Auswertungsaufgaben gekümmert. Dazu zählt z. B. den Input für Tabellenblätter vorbereiten, einfache statistische Analysen oder Soll-Ist-Vergleiche durchführen.[185] Nicht selten werden Werkstudenten für diese Tätigkeiten eingesetzt. Sobald diese Analyse- und Auswertungsaufgaben zu speziell werden, dass fachgebietsspezifische Kenntnisse erforderlich sind, werden diese Aufgaben vom Center of Expertise erledigt. Aufgaben, die unter diesen Bereich fallen, sind z. B. Koordinationsaufgaben im Hinblick auf Planung und Prognose, Plananalysen und Ausarbeitungen von Vorschlägen seitens des Manage-

---

[180] Vgl. Michel, U./ Kirchberg, A. (2008): Reporting Factory – Gestaltung, Aufbau und Einordnung in den Finanzbereich, S. 311.

[181] Siehe Kapitel 2.4.1 Auswirkungen auf Rollen des Controllings, Business Partnering.

[182] Vgl. Horváth & Partners (Hrsg.): KPI-Studie 2013 – Effektiver Einsatz von Kennzahlen im Management Reporting.

[183] Vgl. Schmitz, M./ Lawrenz, A./ Drerup, B. (2016): Reporting Factory in Controllingbereichen, S. 432.

[184] Vgl. Schmitz, M./ Lawrenz, A./ Drerup, B. (2016): Reporting Factory in Controllingbereichen, S. 433.

[185] Vgl. Matos, Z./ Székely, A./ Szukits, A./ (2008): The Reporting Factory – Service-Center bei E.ON Hungária, S. 255.

ments.[186] Neben dem ganzen internen Berichtswesen kann der Reporting Factory-Ansatz durchaus auch auf externe Berichte wie z. B. Bilanzen oder die Gewinn- und Verlustrechnung angewendet werden.[187]

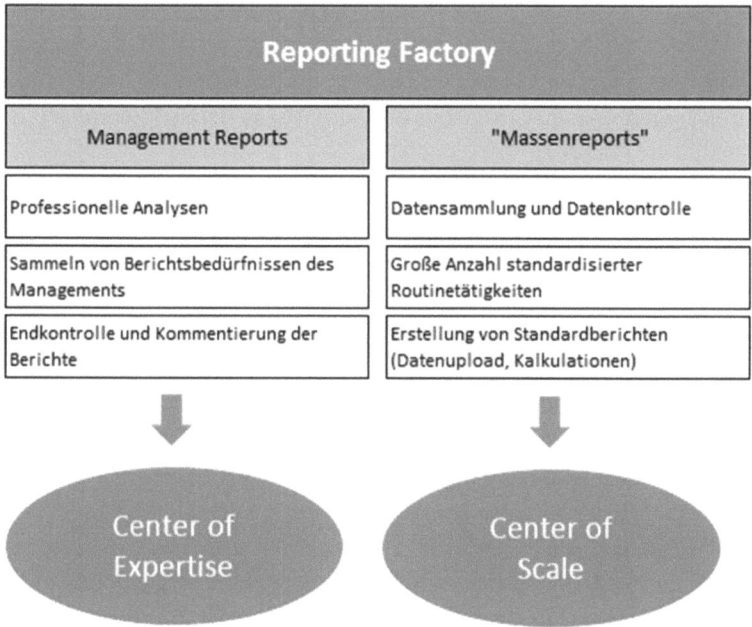

Abbildung 10: Einteilung der Tätigkeitsbereiche einer Reporting Factory

Quelle: Eigene Abbildung in Anlehnung an Matos, Z./ Székely, A./ Szukits, A./ (2008): The Reporting Factory – Service-Center bei E.ON Hungária, S. 258.

Folglich kann man festhalten, dass durch diese „Fabriken" die Effizienz des Reportings erheblich gesteigert werden kann. Durch die zentrale Bündelung von Prozessen entstehen zum einen Effizienzgewinne durch Skaleneffekte und zum anderen werden Doppelgleisigkeiten vermieden.[188] Doppelgleisigkeiten können häufig dann passieren, wenn zwischen den dezentralen Einheiten nicht ausreichend kommuniziert wird. Ein weiterer Vorteil der Reporting Factory ist, dass

---

[186] Vgl. Matos, Z./ Székely, A./ Szukits, A./ (2008): The Reporting Factory – Service-Center bei E.ON Hungária, S. 254.

[187] Vgl. Kirchberg, A. (2017): Harmonisierung des externen und des internen Rechnungswesens aus aufbau- und ablauforganisatorischer Sicht, S. 92 f.

[188] Vgl. Feichter, A./ Ruthner, R./ Schwarzl, P. (2016): Intelligente Zentralisierung als Ansatz für die Optimierung der Reporting-Prozesse, S. 74.

durch die Zentralisierung von wiederkehrenden, ressourcenintensiven Tätigkeiten, Zeit für die verbleibende Controlling-Organisation gewonnen wird, die sie für wertschöpfende Aktivitäten nutzen kann. Anstelle Daten zu sammeln und diese aufzubereiten, sollen Analysen und insbesondere Beratung stärker in den Fokus rücken.[189]

Neben den zusätzlichen Kostensenkungen, die sich ebenfalls durch die Zentralisierung ergeben können,[190] gibt es aber auch einige Herausforderungen, die beim Aufbau einer Reporting Factory anfallen.

Viele beklagen als Nachteil, dass die Reporting Factory nicht über ausreichend Businessnähe verfügt. Dadurch wäre weniger Fach-Know-how vorhanden, was sich negativ auf die Steuerungsrelevanz der Reports auswirken könnte.[191] Dieser Aussage muss man aber widersprechen, da eigentlich, wie bereits erwähnt, die Berichte für anschließende Kommentierungen und Analysen an die dezentralen Controller weitergegeben werden sollen. Außerdem kann sich eine Reporting Factory langfristig gesehen fachspezifisches Wissen durch Erfahrungen aneignen.

Ein tatsächlicher Nachteil ist, dass durch die Einführung einer Reporting Factory die Flexibilität der Berichte eingeschränkt wird.[192] Dies liegt zum einen an der Standardisierung der Berichte, die vorgenommen werden müssen, zum anderen kann durch die erhöhten Skaleneffekte nicht auf einzelne, kurzfristig nachgefragte Änderungen oder Ergänzungen eingegangen werden. Diese Veränderungen an den Berichten und an der kompletten Unternehmensstruktur kann zu mangelnder Akzeptanz beim Personal führen.[193] Mitarbeiter müssen ihre gewohnten Strukturen durchbrechen und die, die diesen Veränderungen nicht gewachsen sind, werden das Unternehmen verlassen. Dieser Wissensverlust, der dadurch

---

[189] Siehe Kapitel 2.4.1 Auswirkungen auf Rollen des Controllings, Business Partnering.
[190] Siehe für mehr Informationen Michel, U./ Kirchberg, A. (2008): Reporting Factory – Gestaltung, Aufbau und Einordnung in den Finanzbereich, S. 329 f.
[191] Vgl. Feichter, A./ Ruthner, R./ Schwarzl, P. (2016): Intelligente Zentralisierung als Ansatz für die Optimierung der Reporting-Prozesse, S. 74.
[192] Vgl. Feichter, A./ Ruthner, R./ Schwarzl, P. (2016): Intelligente Zentralisierung als Ansatz für die Optimierung der Reporting-Prozesse, S. 74.
[193] Vgl. Schmitz, M./ Lawrenz, A./ Drerup, B. (2016): Reporting Factory in Controllingbereichen, S. 454.

entsteht, ist nicht zu unterschätzen und kann die Stabilität der Controlling-Prozesse gefährden.[194]

Zum Abschluss muss man aber noch anmerken, dass ein Aufbau einer Reporting Factory in der Regel erst ab einer gewissen Unternehmensgröße lohnenswert ist. Kleinere Unternehmen können die angesprochenen Effizienzpotenziale durch Economic of Scale nicht generieren.[195] Dies kann zwar nicht pauschalisiert werden und die Vorteilhaftigkeit muss immer individuell geprüft werden, jedoch ist die erhöhte organisationale Komplexität sowie der hohe Implementierungsaufwand häufig für kleinere Unternehmen zu viel Aufwand.[196] Damit kleinere bis mittelständige Unternehmen trotzdem ihr Reporting effizienter gestalten können, sollten sie sich auf Robotic Process Automation fokussieren. Dieser Begriff wird im nächsten Kapitel ausführlich erläutert. Erwähnenswert ist, dass die Reporting Factory auch die Aufgabe haben sollte, neben der Erstellung der Berichte sich ebenfalls um die robotergesteuerte Prozessautomatisierung der Controlling-Prozesse zu kümmern.[197]

4.2.3 Robotic Process Automation (RPA)

Ein sehr großes Thema, dass immer wieder mit der Digitalisierung in Verbindung gebracht wird, ist die Robotic Process Automation, kurz genannt RPA. Dabei geht es um die robotergesteuerte Prozessautomatisierung, wie wir sie auch schon bei der Industrialisierung lange kennen. Der Unterschied besteht darin, dass bei der Robotic Process Automation nicht von sich tatsächlich physikalisch bewegenden Robotern gesprochen wird, sondern von digitalen Software-Robotern oder Software-Bots.[198] Diese Roboter folgen einer durch den Menschen vorgegebenen Struktur oder einem Muster, dass vorab durch einzelne Arbeitsschritte definiert wird.[199] Dabei sind sie in der Lage, Aufgaben anwendungsübergreifend auszufüh-

---

[194] Vgl. Schmitz, M./ Lawrenz, A./ Drerup, B. (2016): Reporting Factory in Controllingbereichen, S. 454.

[195] Vgl. Feichter, A./ Ruthner, R./ Schwarzl, P. (2016): Intelligente Zentralisierung als Ansatz für die Optimierung der Reporting-Prozesse, S. 74.

[196] Vgl. Feichter, A./ Ruthner, R./ Schwarzl, P. (2016): Intelligente Zentralisierung als Ansatz für die Optimierung der Reporting-Prozesse, S. 74.

[197] Vgl. Rathjen, P. (2008): Transformation durch Shared Services, S. 37.

[198] Vgl. Kleehaupt-Rother, B./ Unger, T. (2018): Von RPA-Mythen zur Automatisierungsstrategie, S. 49.

[199] Vgl. Schalkowski, H. (2019): Roboterisierung im Mittelstand – Chancen und Risiken für Bilanzierer und Controller, S. 73.

ren und menschliche Interaktionen mit anderen Software-Systemen über die Benutzeroberfläche nachzuahmen.[200]

Um langfristig weiter konkurrenzfähig zu bleiben, müssen die Controlling-Prozesse bzw. letztendlich alle Unternehmens-Prozesse kontinuierlich verbessert werden und dazu gehört auch die Automatisierung. Die Bereiche Einkauf, Personal sowie Finance und Controlling eignen sich besonders für Automatisierungen.[201] Betrachtet man explizit die Controlling-Prozesse, so sieht man enormes Automatisierungspotenzial im Management Reporting, Kosten- und Ergebnisrechnung und in der Operativen Planung, Budgetierung.[202]

Um wieder für mehr Zufriedenheit beim Reporting zu sorgen, ist es wichtig, dass das Fachpersonal wie z. B. Buchhalter und Controller mit in den Implementierungsprozess einbezogen werden. Denn diese Mitarbeiter wissen genau, welche Prozesse die großen Aufwandstreiber sind und automatisiert werden sollten. Weiterhin müssen sie als Anwender bestens informiert sein, um anschließend als Bindeglied zwischen Entscheidungsträgern und Software-Technologie interagieren zu können.[203]

Besonders das Wissen über Software-Roboter und das Erkennen von Optimierungspotenzial ist eine Anforderung, die ebenfalls dass künftige Berufsbild eines Controllers verändern wird.[204] Schaut man vermehrt in Controller-Stellenbeschreibungen, so sieht man, dass viele Unternehmen mittlerweile nach VBA-Kenntnissen fragen. VBA (Visual Basic For Applications) ist eine integrierte Programmiersprache, die z. B. in Excel zur Verfügung steht und Abläufe automatisieren kann.[205]

Der Vorteil an VBA ist, dass die Programmiersprache in Excel zur Verfügung steht und Unternehmen keine zusätzliche Lizenz für ein Software-Roboter kaufen müssen. Außerdem wird für einfache Automatisierungsschritte wenig Fachwissen

---

[200] Vgl. Kleehaupt-Rother, B./ Unger, T. (2018): Von RPA-Mythen zur Automatisierungsstrategie, S. 49.
[201] Vgl. Schalkowski, H. (2019): Roboterisierung im Mittelstand – Chancen und Risiken für Bilanzierer und Controller, S. 72.
[202] Vgl. Isensee, J./ Reuschenbach, D. (2018): „RPA im Controlling", S. 5.
[203] Vgl. Schalkowski, H. (2019): Roboterisierung im Mittelstand – Chancen und Risiken für Bilanzierer und Controller, S. 74.
[204] Vgl. Schalkowski, H. (2019): Roboterisierung im Mittelstand – Chancen und Risiken für Bilanzierer und Controller, S. 74.
[205] Vgl. Schels, I./ Seidel, U. M. (2016): Excel 2016 im Controlling, S. 90.

benötigt. Nicht ganz klar ist allerdings, ob VBA in Richtung Robotic Process Automation eingeordnet werden kann. Denn unter dem Schlagwort „Robotic Desktop Automation" (RDA) werden ebenfalls Roboter verstanden, die aus technischer Sicht keine eigene Identität besitzen.[206] Diese Roboter arbeiten in der Regel direkt am Frontend, das bedeutet für den Benutzer sichtbar, und werden per Knopfdruck ausgeführt.[207] Da die Roboter von RDA keine eigene Identität besitzen, benutzen sie die Zugangsberechtigungen der Anwender selbst und nehmen ihm nur die repetitive Arbeit ab.[208] Diese Kriterien stimmen bei der VBA-Programmierung nur zum Teil, denn geübte Anwender können das Makro so programmieren, dass es nicht mehr manuell angestoßen werden muss, sondern z. B. durch eine eingehende Email mit einem entsprechenden Betreff angestoßen wird.

Neben der kostenlosen VBA-Programmierung, gibt es mittlerweile auch viele professionelle Softwares, die speziell für die Prozessautomatisierung entwickelt wurden.[209] Vorwiegend im Bereich Accounting, wo viele Aufgaben und Abläufe mit hoher Prozessstandardisierung und starkem repetitiven Charakter vorkommen, zeigen Anwendungsbeispiele schon nach kurzer Zeit positive wirtschaftliche Effekte.[210]

Trotz dieser positiven Erscheinungen steht die Anwendung von RPA im Finanzbereich, besonders im Controlling, noch am Anfang. Gründe für die Vernachlässigung des RPA-Einsatzes im Controlling könnten sein, dass viele Controlling-Abteilungen noch gar keine klare Vorstellung über die genauen Einsatzmöglichkeiten haben.[211] Der Optimierungsgedanke bzw. der Drang zur Veränderung ist noch nicht in der Abteilung angekommen. Dies kann auch mit dem großen Aufwand zusammenhängen, der damit assoziiert wird, was sich erfahrungsgemäß jedoch als wenig zutreffend herausstellt.[212] Laut einer Horváth und Partners Stu-

---

[206] Vgl. Kleehaupt-Rother, B./ Unger, T. (2018): Von RPA-Mythen zur Automatisierungsstrategie, S. 50.
[207] Vgl. Alexander, S./ Haisermann, A./ Schabicki, T./ Frank, S. (2018): Robotic Process Automation (RPA) im Rechungswesen und Controlling – welche Chancen ergeben sich?, S. 13.
[208] Vgl. Kleehaupt-Rother, B./ Unger, T. (2018): Von RPA-Mythen zur Automatisierungsstrategie, S. 50.
[209] Siehe z. B. Blue Prism RPA, SAP Automatisierung UiPath, Kryon Studio.
[210] Vgl. Isensee, J./ Reuschenbach, D. (2018): „RPA im Controlling", S. 3.
[211] Vgl. Isensee, J./ Reuschenbach, D. (2018): „RPA im Controlling", S. 3.
[212] Vgl. Alexander, S./ Haisermann, A./ Schabicki, T./ Frank, S. (2018): Robotic Process Automation (RPA) im Rechungswesen und Controlling – welche Chancen ergeben sich?, S. 14.

die haben jedoch drei Viertel der rund 60 befragten Entscheidungsträger von Finanzinstituten Bedenken, dass der Aufwand bei der Implementierung von RPA zu hoch ist.[213]

Ein weiterer Grund könnte sein, dass viele Unternehmen befürchten, dass die Kosten für die Lizenz-Software zu teuer wären und bei ihnen im Controlling gäbe es aufgrund von vielen situativen Entscheidungen in dem volatilen Umfeld nicht genug Optimierungspotenzial für Automatisierungen. Deshalb ist es wichtig, dass Controller die Prozesse identifizieren können, die das „RPA-Potenzial" aufweisen.[214] Dabei werden folgende Kriterien geprüft:[215]

- weist der Prozess hohe, manuelle Wiederholungshäufigkeit auf,
- liegen strukturierte Inputdaten in digitaler Form vor,
- ist der Prozess regelbasiert bzw. ist kein „menschliches" Denken notwendig,
- hat der Prozess einen hohen Standardisierungsgrad,
- hat der Prozess mittelhohes bis hohes Volumen,
- ist er anfällig für menschliche Fehler.

Erfüllt er diese Kriterien, muss anschließend noch geprüft werden, ob der Prozess in naher Zukunft eine Systemänderung durchläuft bzw. nicht Gegenstand einer Optimierungsmaßnahme ist und dadurch sich grundlegend verändert. Wenn dies nicht der Fall ist, dann eignet sich der Prozess für Robotic Process Automation.[216]

Neben der Prozessidentifizierung müssen Controller auch die Technologie von RPA verstanden haben und die Möglichkeiten und Grenzen davon kennen. In Abbildung 11 werden die Möglichkeiten und Grenzen von Robotic Process Automation aufgelistet. Zum Beispiel ist Robotic Process Automation prädestiniert dafür einfache manuelle Tätigkeiten wie das Kopieren und Einfügen von Dateien, das Verschieben von Dateien und Ordnern zu automatisieren. Es können ebenfalls Kalkulationen durchgeführt werden, die vorab erstellt wurden. Müssen Entschei-

---

[213] Vgl. Horváth & Partners (Hrsg.): Software-Roboter erobern die Finanzindustrie, 2017.
[214] Vgl. Isensee, J./ Reuschenbach, D. (2018): „RPA im Controlling", S. 4.
[215] Vgl. Deloitte (Hrsg.): Die Roboter kommen – Die unsichtbare Revolution im Einkauf, 2017, S. 5; Isensee, J./ Reuschenbach, D. (2018): „RPA im Controlling", S. 4; Botar, A./ Pletschacher, M./ Stummeyer, C. (2018): Die Roboter sind da – Wie Robotic Process Automation (RPA) Arbeitnehmer entlastet und Arbeitgebern hohe Kosten einspart, S. 74 f.
[216] Vgl. Deloitte (Hrsg.): Die Roboter kommen – Die unsichtbare Revolution im Einkauf, 2017, S. 5.

dungen getroffen werden, die vorher nicht genau definiert wurden, so kommt RPA an seine Grenzen. Genauso verläuft es mit Anpassungen, die bei Prozessveränderungen getroffen werden müssen. Diese müssen durch einen Menschen durchgeführt werden. Fallen Fehler an, kann ein Roboter seine Befehle nicht mehr ausführen und meldet ihn direkt. Ein Mensch dagegen erkennt nicht nur den Fehler, sondern kann ihn auch gleich beheben.[217]

Robotic Process Automation	
Möglichkeiten ☑	Grenzen ☒
- Kopieren und Einfügen - Öffnen von Emails und Anhängen - Verschieben von Dateien und Ordner - Auslesen und Beschreiben von Datenbanken - Verbinden mit ERP-Systemen - Daten sammeln - Kalkulationen durchführen - Erstellen von Standartberichten gemäß Vorlagen - Erkennung von Abweichungen - Durchführung von Kontrollen und Validierungen	- Unspezifische Entscheidungen treffen - Automatische Anpassungen bei Prozess Veränderungen - Automatische Fehlerbehebung - Auslesen von unstrukturierten Daten

Abbildung 11: Möglichkeiten und Grenzen von Robotic Process Automation

Quelle: Eigene Abbildung in Anlehnung an Isensee, J./ Reuschenbach, D. (2018): „RPA im Controlling", S. 6; Alexander, S./ Haisermann, A./ Schabicki, T./ Frank, S. (2018): Robotic Process Automation (RPA) im Rechungswesen und Controlling, S. 13.

Während Robotic Process Automation noch Grenzen aufweist, werden kommende Technologien wie „Machine Learning" oder „Artificial Intelligence" diese Grenzen durchbrechen und neue Potenziale und Anwendungsfelder entwickeln. „Machine Learning" kann z. B. das menschliche Entscheidungsverhalten erkennen und imitieren.[218] „Artificial Intelligence" ist in der Lage, Aufgaben ohne vorab definierte Abläufe zu lösen. Die Roboter sammeln durch Erfahrungen neues Wissen, um eigenständig Entscheidungen zu treffen und Lösungsansätze selbständig zu generieren.[219] Dadurch ist sogar automatische Fehlerbehebung möglich. Unstruk-

---

[217] Vgl. Deloitte (Hrsg.): Übernehmen Roboter bald jeden Job? Wie Process-Automation die Arbeit im Büro komplett verändert, 2017; Alexander, S./ Haisermann, A./ Schabicki, T./ Frank, S. (2018): Robotic Process Automation (RPA) im Rechungswesen und Controlling – welche Chancen ergeben sich?, S. 13.
[218] Vgl. Isensee, J./ Reuschenbach, D. (2018): „RPA im Controlling", S. 4.
[219] Vgl. Alexander, S./ Haisermann, A./ Schabicki, T./ Frank, S. (2018): Robotic Process Automation (RPA) im Rechungswesen und Controlling – welche Chancen ergeben sich?, S. 12.

turierte Dateien wie Bilder oder Sprachen stellen ebenfalls für diese Technologie kein Hindernis mehr dar.[220]

Die Abbildung 12 zeigt die Entwicklungsstufen, die sich mit der Automatisierungstechnologie ergeben.

---

[220] Vgl. Haisermann, A./ Liebscher, T. (2017): Mit Robotics sparen lernen, S. V8.

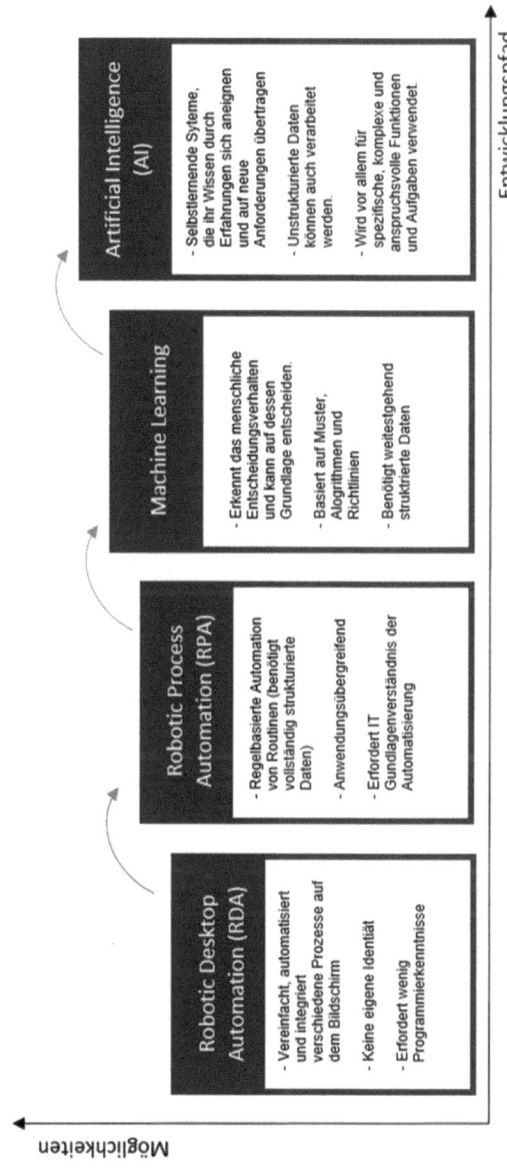

Abbildung 12: Entwicklungsstufen der Automatisierungstechnologien

Quelle: Eigene Abbildung in Anlehnung an Alexander, S./ Haisermann, A./ Schabicki, T./ Frank, S. (2018): Robotic Process Automation (RPA) im Rechungswesen und Controlling, S. 12; Isensee, J./ Reuschenbach, D. (2018): „RPA im Controlling", S. 4.

Möchte man Robotic Process Automation im Unternehmen einführen, müssen einige Faktoren für eine erfolgreiche Implementierung beachtet werden. Nachdem eine klare Automatisierungsstrategie definiert wurde, die entsprechende Meilensteine vorgibt, muss die für das Unternehmen passende Software aus den zahlreichen Anbietern ausgewählt werden. Dabei tritt häufig das Problem auf, dass Unternehmen Software-Lizenzen kaufen, um danach festzustellen, dass diese für ihre Anforderungen möglicherweise nicht optimal geeignet sind.[221] Daher muss vor der Implementierung eine genaue Analyse und Planung erfolgen, zum einen welche Software für das Unternehmen geeignet ist, zum anderen über die Prozesse, die automatisiert werden sollen und können.[222] Denn Erfahrungen zeigen, dass erst über die Summe der Einsparpotenziale vieler Prozesse, sich der Einsatz von Robotic Process Automation rentiert.[223] Nachdem die Auswahl der geeigneten Software und die Prozessanalyse stattgefunden haben, beginnt die Pilotphase. Die Software wird eingerichtet und nach den speziellen Anforderungen des Unternehmens konfiguriert.[224] Anschließend werden vereinzelte Prozesse ausgewählt und es wird geprüft, ob die Automatisierung ohne größere Herausforderungen vonstattengeht. Sobald dies gelingt und die frei werdenden Kapazitäten für die betroffenen Mitarbeiter spürbar sind, kann die Software auf alle anderen Prozesse angewendet werden.[225]

Mit der Einführung von Robotic Process Automation sind einige Vorteile verbunden. Indem arbeitsintensive Aktivitäten reduziert werden, kann das Unternehmen rund zwei Drittel der Kosten eines vollzeitbeschäftigten Mitarbeiters einsparen. Diese frei gewordenen finanziellen Mittel und Kapazitäten können für andere, wertschöpfende Aktivitäten genutzt werden.[226] Obwohl einerseits Personal eingespart wird, hat sich bereits gezeigt, dass aufgrund von neuen Technologien und Transformationen im Unternehmen auch neue Arbeitsplätze entstehen.[227] Ein weiterer Vorteil ist, dass Roboter nicht müde werden. Das bedeutet, sie können 24 Stunden am Tag, 7 Tage die Woche im Hintergrund arbeiten und das bei

---

[221] Vgl. Safar, M. (2017): Die 5 hartnäckigsten Mythen über Robotic Process Automation.
[222] Vgl. Haisermann, A./ Liebscher, T. (2017): Mit Robotics sparen lernen, S. V8.
[223] Vgl. Isensee, J./ Reuschenbach, D. (2018): „RPA im Controlling", S. 9.
[224] Vgl. Deloitte (Hrsg.): Die Roboter kommen – Die unsichtbare Revolution im Einkauf, 2017, S. 9.
[225] Vgl. Isensee, J./ Reuschenbach, D. (2018): „RPA im Controlling", S. 9.
[226] Vgl. Alexander, S./ Haisermann, A./ Schabicki, T./ Frank, S. (2018): Robotic Process Automation (RPA) im Rechungswesen und Controlling – welche Chancen ergeben sich?, S. 14.
[227] Vgl. Safar, M. (2017): Die 5 hartnäckigsten Mythen über Robotic Process Automation.

hoher Geschwindigkeit. Dabei reduzieren sie noch die Fehlerquote und Abweichungen werden minimiert, was insbesondere auch für Audits extrem wichtig ist.[228] Wie bereits erwähnt, ist die Amortisationszeit der Investition relativ kurz, sobald viele Prozesse mit der Software automatisiert werden. Nach Erfahrungen zahlen sich die getätigten Investitionen bereits nach zwölf Monaten aus.[229]

Die Einführung von Robotic Process Automation hat neben den genannten Vorteilen aber auch Nachteile. Zum Beispiel rentiert sich die Implementierung einer professionellen RPA-Software nur ab einer gewissen Unternehmensgröße. Da kleinere Unternehmen eine geringere Anzahl an Prozessen haben, die automatisiert werden können, kann es vorkommen, dass die Investition der RPA-Software zu hoch ist. Deshalb wäre es von Vorteil, wenn kleinere Unternehmen die „kostenlose" Variante (VBA-Programmierung) in Anspruch nehmen. Zudem haben Controller oft gar keine Zeit, um Optimierungsmaßnahmen an ihren Prozessen zu tätigen, da sie zu sehr im operativen Geschehen beschäftigt sind. Sie stecken somit in einer Zwickmühle und brauchen extra Kapazitäten, die speziell nur für die Prozessoptimierung eingestellt werden. Dies könnte z. B. durch eine studentische Hilfskraft geschehen.

Ein ganz wichtiger Punkt ist, dass obwohl die Robotic Process Automation viel Freiraum für wertschöpfende Aktivitäten schafft, der eigentliche Fehler für manuell durchgeführte Aktivitäten in der IT-Landschaft liegt. Sowohl die Automatisierung durch Roboter als auch die Modernisierung der IT-Landschaft verfolgen das Ziel manuelle Aktivitäten zu reduzieren. Der Unterschied liegt darin, dass Robotic Process Automation nicht an den Ursachen ansetzt, sondern lediglich den mit den manuellen Ausführungen verbunden „Schmerz" lindert.[230] Trotzdem muss man anmerken, dass RPA nicht komplett obsolet ist, wenn ein Unternehmen über eine moderne, optimierte IT-Landschaft verfügt. Dies ist zwar der Grundstein, auf dem man aufbauen muss, allerdings gibt es im Controlling immer Prozesse, die sich noch weiter automatisieren lassen.

---

[228] Vgl. Stummeyer, C. (2018): Die Roboter sind da – Wie Robotic Process Automation (RPA) Arbeitnehmer entlastet und Arbeitgebern hohe Kosten einspart, S. 74.
[229] Vgl. Alexander, S./ Haisermann, A./ Schabicki, T./ Frank, S. (2018): Robotic Process Automation (RPA) im Rechungswesen und Controlling – welche Chancen ergeben sich?, S. 14.
[230] Vgl. Isensee, J./ Reuschenbach, D. (2018): „RPA im Controlling", S. 3.

4.3 Datendarstellung/ Berichterstellung

Nachdem die Daten gesammelt, aufbereitet und gegebenenfalls verdichtet wurden, beginnt die Datendarstellung bzw. Berichterstellung. Hier werden die Ergebnisse, die vorher ermittelt wurden, präsentiert. Reporting 4.0 hat auch bei der Berichterstellung unterschiedliche Ansätze entwickelt, die im Nachfolgenden vorgestellt werden.

4.3.1 Self-Service Reporting

Self-Service ist definiert als den selbständigen Zugriff von End Usern auf Unternehmensdaten, ohne die Beteiligung zwischengeschalteter Bereiche, wie z. B. der IT- oder der Controlling-Abteilung.[231] Dieser Ansatz entstand, da die Fachabteilungen, wie z. B. Vertrieb, Marketing oder Management in immer kürzerer Zeit Entscheidungen treffen mussten und in Zukunft noch weiter müssen. Dies wird noch erschwert durch die stetig steigende Anzahl an Informationen und die immer komplexeren Zusammenhänge.[232] In der Vergangenheit musste, entweder die IT- oder die Controlling-Abteilung, zur Datenauswertung angefragt werden. Nachdem der Report erstellt wurde, entstanden neue Fragen und es folgten tiefergehende Analysen, bei denen die IT- oder Controlling-Abteilung erneut helfen musste.[233] Self-Service Reporting, kurz SSR genannt, übergeht diesen zwischengeschalteten Bereich, so dass der Anwender direkt Zugriff auf die Unternehmensinformationen hat und eigenständig Reports und Analysen erstellen kann. Die für den Anwender relevanten Informationen werden über ein automatisiertes Reporting-System bereitgestellt und an die individuellen Bedürfnisse angepasst.[234] Dies geschieht über eine professionelle Self-Service-BI Software. Der Markt für diese BI-Softwares ist enorm und wird von den Big Playern SAP, Microsoft, Oracle oder IBM angeführt.[235] Da die Informationen jederzeit auf Abruf bereitgestellt werden, ist die klassische Unterteilung zwischen Standard-, Abweichungs- und Bedarfsberichten nicht mehr gegeben.[236] Weiterhin stellt sich die

---

[231] Vgl. Weber, J./ Strauß, E./ Spittler, S. (2012): Controlling & IT: Wie Trends und Herausforderungen der IT die Controllingfunktion verändern, S. 106.
[232] Vgl. Liebetrau, A. (2018): Self-Service-BI im Reporting, S. 41.
[233] Vgl. Lamprecht, A./ Seifert, A. (2015): Self-Service Reporting, S. 49.
[234] Vgl. Claasen, F./ & Hohorst, S. (2015): Den Finanzbereich neu denken, S. 37.
[235] Vgl. Liebetrau, A. (2018): Self-Service-BI im Reporting, S. 52; Eine Liste über eine Auswahl an Anbieter und deren Besonderheiten findet sich in Hafen, T. (2016): Self-Service BI schafft Informationen für alle, S. 31.
[236] Siehe Kapitel 3.4 Berichtsarten / Vgl. Kümpel, T./ Schlenkrich, K./ Heupel, T. (2019): Controlling & Innovation 2019 – Digitalisierung, S. 145.

Frage, ob das Controlling nicht an Bedeutung verliert, wenn alle Fachabteilungen ihre eigenständigen Reports und Analysen erstellen können. Die Frage kann man aber ganz klar verneinen, da das Controlling sich dadurch zum einen noch mehr auf die Rolle des Business Partners konzentrieren kann und zum anderen das Self-Service Reporting auch verwaltet werden muss. Es ergeben sich drei verschiedene Möglichkeiten wie ein Unternehmen Self-Service Reporting etablieren kann.[237]

Die erste Möglichkeit besteht darin, dass Controller nur eine standardisierte Informationsmenge zur Verfügung stellen. In diesem Fall können Manager, die die primären Anwender von Self-Service Reporting sind, nur auf standardisierte Berichte zugreifen und führen selbst keine umfangreichen Auswertungen durch.[238] Eine weitere Möglichkeit ist, dass Controller eine eingeschränkte Informationsmenge bereitstellen, die auf jeden Anwender individuell abgestimmt ist. Dadurch können die Anwender eigenständige Berichte und einfache Analysen aus vordefinierten Inhalten erstellen.[239] Bei dieser Möglichkeit haben die Anwender zwar einen gewissen Freiraum in der Nutzung der Daten, werden aber immer noch durch die Berichterstellung bzw. Analyse mittels Voreinstellungen geführt. Die letzte Möglichkeit erlaubt den Anwendern dann auf die vollständige Informationsmenge des Unternehmens zuzugreifen. Hier gibt es keine Vorgaben mehr und es können sehr detaillierte Analysen selbständig durchgeführt werden.[240] Diese vollkommene Analysefreiheit ist allerdings mit der Gefahr verbunden, dass der Anwender den hohen Informationsgehalt nicht bewerkstelligen kann. Das wiederum führt zu falschen Erkenntnissen, da ungeeignete Daten benutzt werden oder Daten sogar komplett untergehen.[241]

---

[237] Für mehr Informationen zu den folgenden Ausführungen vgl. Weber, J./ Gschmack, S./ Tretbar, T./ Wiegmann, L (2013): IT-Trends und ihre Auswirkung: auf Management und Controlling, S. 53 f.

[238] Vgl. Kümpel, T./ Schlenkrich, K./ Heupel, T. (2019): Controlling & Innovation 2019 – Digitalisierung, S. 145.

[239] Vgl. Kümpel, T./ Schlenkrich, K./ Heupel, T. (2019): Controlling & Innovation 2019 – Digitalisierung, S. 145.

[240] Vgl. Kümpel, T./ Schlenkrich, K./ Heupel, T. (2019): Controlling & Innovation 2019 – Digitalisierung, S. 145.

[241] Vgl. Weißenberger, B. E./ Bauch, K. A. (2017): Chancen und Risiken der digitalen Transformation für die Rechnungslegung, S. 212.

Welcher Ansatz für das Unternehmen letztendlich richtig ist, muss immer individuell geprüft werden. So können auch unterschiedliche Ansätze kombiniert werden. Die Mitarbeiter, die über das ausreichende Know-how verfügen, bekommen die vollkommene Analysefreiheit. Andere dagegen bekommen nur eingeschränkten Zugriff auf die Datenvielfalt. Bevor ein Self-Service Reporting Tool integriert wird, sollte die Frage geklärt werden, wie vielen Mitarbeitern der Zugang zu der Software ermöglicht werden soll. Einerseits gilt, je mehr Mitglieder Zugriff haben, desto höher wird die Wahrscheinlichkeit, dass neue Erkenntnisse aus den Daten gewonnen werden. Andererseits birgt ein flächendeckender Roll-Out eines Self-Service Reporting Tools auch Nachteile wie z. B. die Lizenzkosten und steigender Trainingsaufwand.[242]

Deshalb ist es wichtig vorher zu analysieren, in welcher Abteilung der Bedarf an Self-Service Reporting besteht und in welcher Abteilung das bisherige Standard-Reporting ausreicht. Diese Vorkehrungen helfen sicherzustellen, dass das Self-Service Reporting einen Mehrwert dem Unternehmen bietet und nicht nur das Standard-Reporting ersetzt.[243] Danach werden spezielle Personen innerhalb der Fachabteilung ausgewählt und mit dem Self-Service Reporting Tool vertraut gemacht. Hier gilt es zu hinterfragen, ob der ausgewählte Mitarbeiter die Motivation hat, eine neue Software zu erlernen. Gerade ältere Menschen neigen oft dazu, neue Dinge nicht anzunehmen.

Beachtet man die Einschränkung des Nutzerkreises und die vorhandene Nachfrage nach Self-Service in bestimmten Fachabteilungen, so ergeben sich einige Vorteile durch die Einführung eines Self-Service Reporting Tools.

Die Analyseergebnisse werden zielgerichteter erstellt und intensiver genutzt.[244] Die Informationsgewinnung findet deutlich zügiger statt und die Wahrscheinlichkeit ist höher, dass neue Erkenntnisse gewonnen werden.[245] Betrachtet man die Kostenseite, so ist es nicht ganz eindeutig, ob die Kosten durch den Einsatz von Self-Service Reporting reduziert werden können. Einerseits können Kosten ein-

---

[242] Vgl. Lamprecht, A./ Seifert, A. (2015): Self-Service Reporting S. 49.
[243] Vgl. Lamprecht, A./ Seifert, A. (2015): Self-Service Reporting, S. 49.
[244] Vgl. Schön, D. (2018): Planung und Reporting im BI- gestützten Controlling, S. 247.
[245] Vgl. Lamprecht, A./ Seifert, A. (2015): Self-Service Reporting, S. 49.

gespart werden, da die Belastung aufgrund von Anfragen bei der IT- und Controlling-Abteilung reduziert wird.[246]

Andererseits sehen Kritiker das Self-Service Reporting Tool als Spielzeug des Managers, welches neue Wünsche entwickelt, was wiederum die IT-Kosten steigert.[247] Der größte Kritikpunkt am Self-Service Reporting ist allerdings, dass dieses keine Anmerkungen bzw. Kommentare mitliefert. Der Anwender bekommt lediglich die aktuellen Daten und Kennzahlen des Reportings angezeigt und muss sie gegebenenfalls eigenständig interpretieren. Natürlich kann es sein, dass der Controller das Tool permanent überwacht und durch Kommentare ergänzt. Dies würde aber die Belastung der Controlling-Abteilung wieder erheblich steigern, da die Kommentare immer in kurzen Zyklen geändert werden müssten.[248]

Somit würde das Self-Service Reporting sehr wahrscheinlich nur einen Teil des Reportings ersetzen und einige Reports, die fortan den Blick des Controllers und dessen Anmerkungen benötigen würden, würden weiterbestehen. Trotzdem ist es ein sehr hilfreiches Tool, dass auch laut Marktumfragen eine sehr hohe Bedeutung hat. Zum Beispiel wurde Self-Service BI in der Studie „BI Trend Monitor 2017" des Business Application Research Centers (BARC) als einer der größten Trends gewählt.[249]

4.3.2 Mobile Reporting

BI-Software Programme sollen heute einfach bedienbar sein, so dass nur wenige IT-Kenntnisse dafür notwendig sind. Die Begriffe Usability und User Experience, im Deutschen „Gebrauchstauglichkeit und Nutzungserlebnis", werden häufig mit modernem Reporting in Verbindung gebracht. Anwender sollen die Informationen im Unternehmen schnell und richtig aufnehmen können und bei der Anwendung ein positives Nutzungserlebnis haben.[250] Das Self-Service Reporting, welches im vorherigen Kapitel erläutert wurde, ist z. B. ein Ansatz, der die User Experience erhöhen soll. Ein weiterer Ansatz ist das sogenannte Mobile Reporting.

---

[246] Vgl. Lamprecht, A./ Seifert, A. (2015): Self-Service Reporting, S. 49.
[247] Vgl. Botthof, H. J. (2014): Reporting: Dienstleistung der besonderen Art, S. 77.
[248] Vgl. Botthof, H. J. (2014): Reporting: Dienstleistung der besonderen Art, S. 76.
[249] Vgl. BARC (Hrsg.): BI-Trend Monitor 2017.
[250] Vgl. Mayer, C./Wiesehahn, A. (2018): Controlling im Digitalisierungswahn?, S. 31.

In der heutigen Zeit sind mobile Systeme wie das Mobiltelefon oder das Tablet schon fester Bestandteil unseres Lebens geworden. Nun ist es nicht verwunderlich, dass die Einführung eines Mobile Reportings im Unternehmen eine relativ hohe Bedeutung hat.[251] Zu Beginn wurde der Trend noch als „Managers-Spielzeug" gesehen, dass keinen großen Mehrwert bietet. Da der Entscheidungsprozess mittlerweile immer schneller vonstattengehen muss und Berichte durch die Verknüpfung mit Self-Service Reporting direkt aufs Smartphone angezeigt werden können, gewinnt das Mobile Reporting wieder an Aufmerksamkeit.[252] Trotzdem ist die Nutzung mobiler Reportinglösungen noch keine gängige Praxis. Studien zeigen, dass nicht einmal ein Viertel aller Befragten Mobile Reporting integriert hat. Dies ist vor allem deshalb überraschend, da über 90 % aller Befragten mobiles Reporting für sehr bzw. eher nützlich halten.[253]

Beispielsweise ist ein Grund dafür, dass Unternehmen immer noch Angst haben, ihre Daten könnten von Hackerangriffen ausspioniert werden. Um den Unternehmen dieses Unwohlsein zu nehmen, ist Aufklärungsbedarf von Seiten der Anbieter gefragt.[254] Ein weiterer Faktor ist, dass Unternehmen die geringe Angebotspalette von nützlichen Apps beklagen.[255] Es genügt heutzutage nicht mehr, die Berichte in statischer Form auf dem mobilen Endgerät zu übertragen. Reporting Apps sollen einen interaktiven und dynamischen Zugriff auf die Daten mit Analyse- und Kommentierungsfunktion ermöglichen. Dadurch wird ein wirklicher Mehrwert für den Berichtsempfänger geboten, was das Investment rechtfertigt.[256] Sobald die Anbieter diese Forderungen aufnehmen, ist die flächendeckende Verbreitung von mobile Reporting nur noch eine Frage der Zeit. Nach Gräf, J. et

---

[251] Vgl. Horváth & Partners (Hrsg.): KPI-Studie 2013 – Effektiver Einsatz von Kennzahlen im Management Reporting.

[252] Vgl. Horváth, P./Klein, A./Gräf, J. (2014): Experten-Interview zum Thema „Management Reporting & Business Intelligence", S. 15, 20.

[253] Vgl. Institute for Business Instruments and Technologies – Hochschule Bremerhaven (Hrsg.): Mobiles Reporting für den Mittelstand 2015; Horváth & Partners (Hrsg.): KPI-Studie 2013 – Effektiver Einsatz von Kennzahlen im Management Reporting.

[254] Vgl. Legenhausen, C./ Hoff, C. M./ Backhaus, J. (2018): Mobile Systeme im Controlling und Reporting, S. 41.

[255] Vgl. Institute for Business Instruments and Technologies – Hochschule Bremerhaven (Hrsg.): Mobiles Reporting für den Mittelstand 2015.

[256] Vgl. Gräf, J./ Isensee, J./ Mehanna, W. (2014): Reporting: Einsatzszenarien für die IT-Unterstützung im Berichtswesen, S. 169.

al. werden in Zukunft die Berichte nur noch Online und über Mobile Reporting zur Verfügung gestellt.[257]

4.3.3. Realtime Reporting

Ein weiterer Trend neben Mobile- und Self-Service Reporting ist das Real Time Reporting.[258] Hier können die Unternehmensdaten in Echtzeit abgerufen und deren Entwicklung beobachtet werden.[259] Dies wird durch eine einheitliche Datenbasis ermöglicht und durch Internet of Things können die Maschinen- und Betriebsdaten in Echtzeit ausgewertet werden. Viele professionelle BI-Tools haben diese Funktion integriert und versuchen durch Realtime Reporting treffsichere Aussagen zu generieren.[260] Besonders vorteilhaft ist dies, wenn lediglich die Aktualität der Informationen die Entscheidung beeinflusst. Dies ist z. B. bei der Fertigungsplanung und -steuerung oder der Bestell-, Lieferungs- und Lagerdisposition der Fall.[261]

Ob das Realtime Reporting allerdings beim Management Reporting vorteilhaft ist, muss man infrage stellen. Denn Manager wenden für das Reporting in der Regel eine relativ geringe Zeit auf und dies auch nur zu periodischen festen Terminen. Weiterhin sollte das Management Reporting eine gewisse Konsistenz aufzeigen und kurzfristige Ausschläge sollten unberücksichtigt bleiben. Erst dann können vorausschauende, langfristige Annahmen getroffen werden. Der letzte Punkt der häufig vergessen wird ist, dass die Finanzbuchführung und die Erfolgsrechnung zeitraumbezogen sind und somit ein Realtime Reporting kaum möglich ist.[262]

4.3.4 Storytelling

Da immer mehr Daten bzw. Informationen verfügbar sind, wird es für das Management immer schwieriger genau das zu filtern, was momentan wichtig ist. Um das Management bei den richtigen Entscheidungen unterstützen zu können, ist die korrekte Aufbereitung von Zahlen und Sachverhalten ausschlaggebend.[263] Hier setzt das Storytelling an. Dabei handelt es sich vereinfacht gesagt um eine

---

[257] Vgl. Gräf, J./ Isensee, J./ Mehanna, W. (2014): Reporting: Einsatzszenarien für die IT-Unterstützung im Berichtswesen, S. 169.
[258] Vgl. BARC (Hrsg.): BI-Trend Monitor 2017.
[259] Vgl. Mayer, C./Wiesehahn, A. (2018): Controlling im Digitalisierungswahn?, S. 31.
[260] Siehe SAP Business Intelligence, Sisense, Tableau, Microsoft Power BI.
[261] Vgl. Wehrum, K./ Burmester, L. (2014): Mobile Business Intelligence: Mehrwerte und Anwendungsszenarien, S. 189.
[262] Vgl. Heinzelmann, M. (2008): IT-Lösungen für das Management Reporting, S. 99.
[263] Vgl. Rupp, M. (2018): Data Storytelling – Wie Zahlen und Daten zu Geschichten werden, S. 45.

Methode, die Informationen und Fakten in eine authentische Geschichte verpackt, um komplexe Sachverhalte überzeugend zu präsentieren. Dies ist besonders wichtig in der Rolle des Business Partners.[264] Denn diese Rolle hat die Aufgabe das Management zu beraten und muss dabei überzeugend auftreten.[265] Während die Methode Storytelling bis auf den Marketing-Bereich noch häufig fremd erscheint,[266] ist trotzdem eine zunehmende Verbreitung in der Praxis zu erkennen. Dies liegt vor allem daran, dass das Erzählen einer Geschichte in der Regel langfristig im Gedächtnis erhalten bleibt.[267]

Da die Controller durch die Digitalisierung insbesondere durch Reporting 4.0 weniger Zeit in die Datensammlung und Aufbereitung investieren müssen, bleibt automatisch mehr Zeit für z. B. das Storytelling. Der Report besteht wie bei jedem Film oder Buch aus Anfang, Hauptteil und Schluss bzw. Fazit. Am Anfang des Reports werden die Grundinformationen präsentiert, und gegebenenfalls Auffälligkeiten im Report aufgezeigt. Danach werden im Hauptteil die Auffälligkeiten detailliert dargestellt und eventuell ein Forecast der aktuellen Situation präsentiert. Im Schlussteil gibt der Controller dann klare Handlungsempfehlungen und deren prognostizierte Entwicklung an.[268]

4.4 Datenanalyse

Nachdem die Berichte erstellt wurden, kann die Datenanalyse beginnen. Bei der Datenanalyse gibt es verschiedene Analysearten, die bereits in Kapitel 2.2.5 erläutert wurden. Während bisher häufig im Reporting nur das Vergangene beurteilt wurde und sich die Frage gestellt wurde, was und wieso etwas passiert ist,[269] kann nun durch Advanced Analytics der Blick auch nach vorne gerichtet werden. Advanced Analytics beschreibt Datenanalysen, die über einfache mathematische Berechnungen wie z. B. Summen- oder Durchschnittsbildung hinausgehen. Vielmehr handelt es sich um fortgeschrittene zukunftsorientierte Analysen, die ma-

---

[264] Vgl. Langmann, C. (2019): Digitalisierung im Controlling, S. 48.
[265] Siehe Kapitel 2.4.1 Auswirkungen auf Rollen des Controllings, Business Partnering.
[266] Vgl. Rupp, M. (2018): Data Storytelling – Wie Zahlen und Daten zu Geschichten werden, S. 45.
[267] Vgl. Langmann, C. (2019): Digitalisierung im Controlling, S. 48.
[268] Vgl. Rupp, M. (2018): Data Storytelling – Wie Zahlen und Daten zu Geschichten werden, S. 46.
[269] Siehe Kapitel 2.2.5 Business Analytics, Descriptive und Diagnostic Analytics.

thematische und statistische Formeln sowie Algorithmen nutzen.[270] Einige Anwendungsfelder von Advanced Analytics werden im Nachfolgenden erläutert.[271]

4.4.1 Data Mining

Data Mining stellt ein wichtiges Werkzeug für Advanced Analytics dar, denn dadurch können Muster, Trends und kausale Abhängigkeiten in Daten identifiziert werden.[272]

Bevor diese speziellen Zusammenhänge erkannt werden können, muss zuerst die Auswahl der geeigneten Datenmenge, die analysiert werden soll, erfolgen. Danach muss die ausgewählte Datenmenge genauestens unter die Lupe genommen werden. Kommen fehlende Werte oder widersprüchliche Werte vor, müssen diese korrigiert werden. Auch kann es häufig vorkommen, dass die Daten je nach ausgewählter Analysemethode noch anders formatiert werden müssen, beispielsweise die Gruppierung von metrischen Werten in Intervalle. Anschließend erfolgt das eigentliche Data Mining durch die individuell ausgewählten Analysemethoden. Zum Abschluss müssen die Ergebnisse der Analysemethoden noch interpretiert und ausgewertet werden.[273]

Dieser Data-Mining-Prozess wird auch unter dem Begriff Knowledge Discovery in Databases diskutiert und ist in Abbildung 13 nochmals visuell dargestellt.

---

[270] Vgl. BARC (Hrsg.): Advanced & Predictive Analytics, S. 4.
[271] In Anlehnung an Mehanna, W./ Tatzel, J./ Vogel, P. (2016): Business Analytics im Controlling – Fünf Anwendungsfelder, S. 503 f. Achtung: Business Analytics wurde hier mit Advanced Analytics gleichgesetzt; Kümpel, T./ Schlenkrich, K./ Heupel, T. (2019): Controlling & Innovation 2019 – Digitalisierung, S. 143.
[272] Vgl. Schön, D. (2018): Planung und Reporting im BI- gestützten Controlling, S. 380.
[273] Vgl. Cleve, J./ Lämmel, U. (2014): Data Mining, S. 5 f.

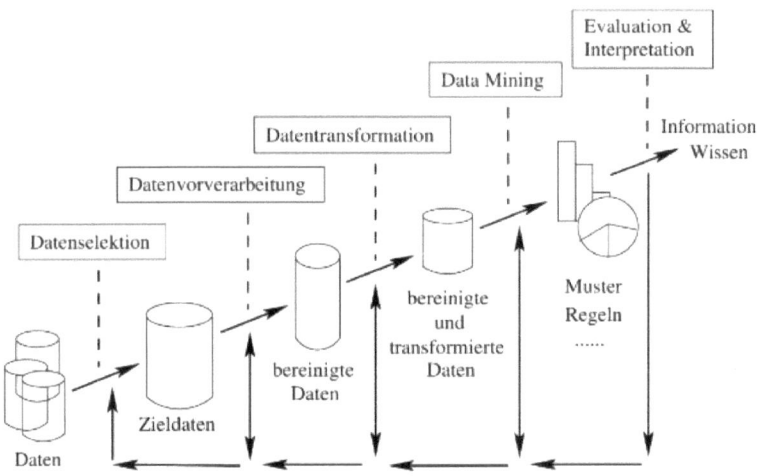

Abbildung 13: Ablauf eines Data-Mining-Prozesses

Quelle: Cleve, J./ Lämmel, U. (2014): Data Mining, S. 6.

Die im Data-Mining-Prozess eingesetzten Analysemethoden können grundsätzlich zwischen strukturprüfenden und strukturentdeckenden Analysemethoden unterschieden werden. Bei den strukturprüfenden Analysemethoden wird die kausale Abhängigkeit einer relevanten Variable zu einer oder mehreren unabhängigen Variablen untersucht. Das bedeutet, dass hier bereits erste Überlegungen bezüglich des Zusammenhangs bestehen. Die Analyse soll diesen lediglich untersuchen. Dagegen existieren bei strukturentdeckenden Analysemethoden solche Vorüberlegungen nicht. Hier sollen lediglich diese Zusammenhänge zwischen verschiedenen Variablen erst festgestellt werden.[274]

Im Nachfolgenden wird ein Überblick über die verschiedenen Analysemethoden gegeben.

---

[274] Vgl. Backhaus, K./ Erichson, B./ Plinke, W./ Weiber, R. (2019): Multivariate Analysemethoden, S. 15.

Strukturprüfende Analysemethoden	Strukturentdeckende Analysemethoden
- Regressionsanalyse - Nichtlineare Regression - Zeitreihenanalyse - Varianzanalyse - Diskriminanzanalyse - Logistische Regression - Kontingenzanalyse - Strukturgleichungsanalyse - Conjoint-Analyse	- Faktorenanalyse - Clusteranalyse - Neuronale Netze - Multidimensionale Skalierung - Korrespondenzanalyse

Abbildung 14: Analysemethoden im Überblick

Quelle: Backhaus, K./ Erichson, B./ Plinke, W./ Weiber, R. (2019): Multivariate Analysemethoden.

In der BARC-Anwenderstudie „Advanced & Predictive Analytics" aus dem Jahre 2016 wurde erkannt, dass etwa die Hälfte der Unternehmen lineare Regression und Entscheidungsbäume im Einsatz haben. Speziellere Analysen wie z. B. die Neuronale Netze sind nach der Studie nur bei 25 % im Einsatz. Das bedeutet, dass hauptsächlich noch die klassischen Data-Mining-Verfahren benutzt werden. Weiterhin ergibt die Studie, dass viele Unternehmen mit anderen Verfahren am Experimentieren sind.[275] Dabei ist es hilfreich, dass es speziell Data-Mining-Softwares wie z. B. Rapid Miner Studio oder SAP Predictive Analytics gibt, die die Analysemethoden beherrschen.[276]

4.4.2 Predictive Analytics

Um konkurrenzfähig zu bleiben, ist es für Unternehmen enorm wichtig, möglichst frühzeitig zu erkennen, welche Entwicklungen und Veränderungen sich an den Märkten in der nächsten Zeit ergeben. Deshalb ist es wichtig, die Steuerungsprozesse von reaktiv-analytisch zu proaktiv-prognostizierend zu verlagern.[277] Predictive Analytics baut auf den durch Data Mining entdeckten Zusammenhängen auf und versucht dadurch künftige Entwicklungen vorherzusagen. Dabei werden Analysemethoden aus der Abbildung 14 benutzt, um aus den erkannten Mustern automatisierte Modelle zur Vorhersage abzuleiten.[278] Für viele Unternehmen ist Predictive Analytics nicht unbedingt echtes Neuland, denn zahlreiche Firmen

---

[275] Vgl. BARC (Hrsg.): Advanced & Predictive Analytics, S. 31 f.
[276] Für mehr Informationen siehe Internationaler Controller Verein (Hrsg.): Business Analytics, S. 13-15.
[277] Vgl. Internationaler Controller Verein (Hrsg.): Business Analytics, S. 5.
[278] Vgl. Ereth, J./ Kemper, H. G. (2016): Analytics und Business Intelligence, S. 460.

nutzen schon länger klassische Forecasting-Systeme.[279] Diese basieren häufig auf einer einfachen Zeitreihenanalyse. Mithilfe von dieser Analyse wird einerseits die zeitliche Entwicklung einer Variable beschrieben und andererseits kann darauf aufbauend deren zukünftige Veränderung vorhergesagt werden.[280] Um noch besser zu prognostizieren, greifen fortgeschrittene Predictive Analytics Methoden nicht nur auf Vergangenheitswerte zu, sondern nutzen verschiedene Datenquellen und Datenformate sowie eine Kombination verschiedener statistischer Modelle aus.[281] Dementsprechend werden für die zukünftige Umsatzprognose nicht nur historische Umsätze herangezogen, sondern auch z. B. die Kundenzufriedenheit, Bestellungen und geplante Investitionen. Neben diesen internen Unternehmensdaten werden auch immer häufiger externe Unternehmensdaten (Big Data) mit einbezogen. So können Wetterdaten und Social Media Daten in einigen Branchen ebenfalls Einfluss auf die zukünftige Umsatzentwicklung haben.[282]

4.4.3 ptimierung und Simulation

Neben Data Mining und Predictive Analytics stellt die Optimierung ein weiteres Anwendungsfeld von Advanced Analytics dar. Dabei werden statistische Analysemethoden eingesetzt, die Vorschläge für Entscheidungen über konkrete Maßnahmen aufstellen. Dies wird dann in den Bereich Prescriptive Analytics eingeordnet.[283] Im Extremfall werden diese Maßnahmen sogar automatisch ausgeführt.[284] Dies hat den Vorteil, dass dadurch kein Zeitverlust bei der Analyse sowie bei der Entscheidungsbildung und -umsetzung entstehen.[285] Ein gutes Beispiel hierfür wäre die Bestelldisposition für die Lageroptimierung auf der Basis von Kasseninformationen zu automatisieren. Beim Management Reporting müssen dagegen komplexe Unternehmensentscheidungen getroffen werden, wie z. B. Strategiewechsel, Standortschließungen und Produkteinführungen. Diese sind so individuell, dass sie sich nicht modelltechnisch abbilden lassen. Hier dienen ledig-

---

[279] Vgl. Erichsen, J. (2018): Predictive Analytics, S. 130.
[280] Vgl. Internationaler Controller Verein (Hrsg.): Business Analytics, S. 9.
[281] Vgl. Satzger, G./ Holtman, C./ Peter, S. (2015): Advanced Analytics im Controlling, S. 231.
[282] Siehe „Digital Forecast" in Schön, D. (2018): Planung und Reporting im BI- gestützten Controlling, S. 54, 437.
[283] Siehe Kapitel 2.2.5 Business Analytics, Prescriptive Analytics.
[284] Vgl. Mehanna, W./ Tatzel, J./ Vogel, P. (2016): Business Analytics im Controlling, S. 505.
[285] Vgl. Kemper, H. G./ Baars, H./ Mehanna, W. (2010): Business Intelligence, S. 9.

lich Informationen und Vorschläge im Sinne eines Früherkennungssystems, die durch das Management umgesetzt werden müssen.[286]

Einen deutlichen Mehrwert für das Management Reporting stellt das Instrument der Simulation dar. Dort können mithilfe von statistischen Modellen unterschiedliche Szenarien dargestellt und deren Einflüsse analysiert werden. Beispielsweise können die Auswirkungen einer Standortschließung und Standorterhaltung auf das Unternehmensergebnis simuliert und anschließend verglichen werden. Durch neue Technologien und Echtzeitverfügbarkeit von Daten sind Simulationen nicht mehr mit extremem Aufwand verbunden. Allerdings muss ein vorab definiertes treiberbasiertes Kennzahlenmodell als Grundlage im Controlling dienen.[287]

4.4.4 Status Quo und Ausblick auf die Datenanalyse

Die Verbreitung der fortgeschrittenen Datenanalyse in Unternehmen befindet sich noch immer in einer frühen Phase. Gerade im Controlling Bereich findet die Anwendung von Predictive Analytics erst seit neuerem zunehmende Beachtung, während beim Marketing und beim Vertrieb Predictive Analytics schon länger eingesetzt wird.[288] Die steigende Beachtung im Controlling ist vor allem darauf zurückzuführen, dass Unternehmen mit einer hohen Analytics-Priorität verhältnismäßig einen höheren EBITDA erzielen konnten als Unternehmen ohne hohe Analytics-Priorität. So ergab eine Studie von Ernst & Young, dass 48 % der Unternehmen mit einer hohen Analytics-Priorität eine Erhöhung des EBITDA von über 10 % verzeichnen konnten. Dagegen konnten diesen Zuwachs lediglich 35 % der Unternehmen erreichen, die keine hohe Analytics-Priorität haben.[289] Dass fortgeschrittene Datenanalyse in Zukunft für Unternehmen eine wichtige Rolle spielt, sind sich alle Unternehmen einig.[290] Auch bei kleineren Unternehmen ist die Dringlichkeit des Themas angekommen. Hier besteht häufig das Problem, dass die Kapazitäten und das Fachwissen nicht ausreichen, um z. B. Predictive Analytics erfolgreich einsetzen zu können. Trotzdem kann man davon ausgehen, dass sobald die Nutzung und der Erfolg bei den großen Kapitalgesellschaften weiter ansteigen, sich die fortgeschrittene Datenanalyse auch bei kleine-

---

[286] Vgl. Schön, D. (2018): Planung und Reporting im BI- gestützten Controlling, S. 438.
[287] Vgl. Mehanna, W./ Tatzel, J./ Vogel, P. (2016): Business Analytics im Controlling, S. 505 f.
[288] Vgl. Langmann, C. (2018): Predictive Analytics für Controller, S. 37.
[289] Vgl. Ernst & Young (Hrsg.): Partnering for Performance, 2015.
[290] Vgl. BARC (Hrsg.): Advanced & Predictive Analytics, S. 15.

ren Unternehmen etabliert.[291] Da das Thema immer noch recht neu in der Praxis ist, haben Unternehmen nach wie vor die Möglichkeit zur Gruppe der Vorreiter zu gehören, die sich frühzeitig durch Wettbewerbsvorteile von den anderen Unternehmen abhebt.[292]

Schaut man auf die Nutzung fortgeschrittener Datenanalysen nach Branchen, stellt man fest, dass in der Medien- und Automobilindustrie bereits am meisten Bewegung herrscht. In beiden Branchen nutzt etwa ein Drittel der Unternehmen fortgeschrittene Analysen. Man muss allerdings anmerken, dass die Datenanalyse bei der Automobilindustrie vornehmlich in der Produktion eingesetzt wird und deshalb kann die Studie von KPMG nicht direkt auf die Controlling-Abteilungen zurückgeführt werden.[293]

---

[291] Vgl. Erichsen, J. (2018): Predictive Analytics, S. 131.
[292] Vgl. BARC (Hrsg.): BARC GUIDE – Advanced Analytics, 2019, S. 13.
[293] Vgl. KPMG (Hrsg.): Mit Daten Werte schaffen, Report 2016, S. 25, 43.

5 Fazit und Ausblick

Die Digitalisierung hat die Controlling-Abteilungen erreicht und macht sich auch dort stark bemerkbar. Die Angst, dass der Beruf des Controllers in Zukunft überflüssig wird, ist jedoch unbegründet. Bestimmte Tätigkeiten werden zwar nicht mehr von Nöten sein, aber es ist zu erwarten, dass viele neue Tätigkeiten hinzukommen werden. Hier liegt einerseits die Herausforderung für den Controller sich den neuen Aufgaben zu stellen, andererseits bietet dieser Wandel aber auch Chancen. In immer mehr Unternehmen wird sich die Rolle des Data Scientist etablieren. Dieser wird nicht das Controlling ersetzen, sondern eher gemeinsam mit dem Controlling das Management bei dem Entscheidungsprozess unterstützen. Durch Fortbildungen kann sich der Controller dieses zusätzliche Know-how aneignen und zu den Vorreitern der digitalen Transformation gehören.

Beim digitalen Wandel ist es wichtig, dass die Effizienz der Controlling-Prozesse weiter hinterfragt wird. Ineffiziente Prozesse müssen radikal verändert werden. Das bedeutet z. B., dass Routineaufgaben, die sehr zeitintensiv sind, in Zukunft durch Automatisierungen ersetzt werden sollten. Dies ist häufig der Fall beim Management Reporting, welches schnell und flexibel erstellt werden muss. Hier kommen Optimierungsansätze wie Reporting Factory und Self-Service zum Vorschein. Dadurch bekommt der Controller mehr Zeit für wertschöpfende Aktivitäten. Wie genau diese wertschöpfenden Aktivitäten aussehen ist noch nicht klar definiert und ist auch immer abhängig von den individuellen Vorstellungen des Unternehmens.[294] Der Controller kann z. B. die Rolle des Pathfinders einnehmen, Data Scientist Aufgaben übernehmen oder aber in die bereits viel diskutierte Rolle des Business Partnering einsteigen. Entscheidend dabei ist, dass sich der Controller aktiv am Wandlungsprozess beteiligt, seine Potenziale erkennt und diese Chance nutzt, anstatt an den alten, etablierten Controlling-Methoden festzuhalten.

---

[294] Kümpel, T./ Schlenkrich, K./ Heupel, T. (2019): Controlling & Innovation 2019, S. 21.

Literaturverzeichnis

Alexander, S./ Haisermann, A./ Schabicki, T./ Frank, S. (2018): Robotic Process Automation (RPA) im Rechungswesen und Controlling – welche Chancen ergeben sich?, Heft 3, Controlling – Zeitschrift für erfolgsorientierte Unternehmenssteuerung, 2018, S. 11 - 19.

Antony, R. N./ Dearden, J./ Vancil, R. F. (1972): Management control system – text, cases and readings, London 1972.

Aschenbrücker, A./ Horváth, P./ Michel, U. (2014): Controlling im volatilen Umfeld, Heft 1, Controller Magazin, 2014, S. 4 – 11.

Backhaus, K./ Erichson, B./ Plinke, W./ Weiber, R. (2019): Multivariate Analysemethoden – Eine anwendungsorientierte Einführung, 15. Auflage, Berlin/Heidelberg 2016.

Bär, R./ Purtschert, P. (2014): Lean-Reporting: Optimierung der Effizienz im Berichtswesen, Wiesbaden 2014.

BARC (Hrsg.): BARC GUIDE – Advanced Analytics, 2019.

BARC (Hrsg.): BI-Trend Monitor 2017, http://barc.de/trend-monitor?s=s_9_550, zuletzt abgerufen am 01.10.2019.

BARC (Hrsg.): Advanced & Predictive Analytics – Schlüssel zur zukünftigen Wettbewerbsfähigkeit, 2016.

Barth, T./ Barth, D. (2008): Controlling, 2. Auflage, München 2008.

Becker, W./ Ulrich, P. (2015): Benchmarking-Studie Controlling – Ergebnisse einer empirischen Untersuchung in deutschen Unternehmen, Otto-Friedrich-Universität Bamberg, 2015.

Becker, W./ Ulrich, P./ Botzkowski, T. (2017): Industrie 4.0 im Mittelstand – Best Practices und Implikationen für KMU, in: Becker, W./ Ulrich, P. (Hrsg.): Management und Controlling im Mittelstand, Wiesbaden 2017.

Bensberg, F./ Schirm, N. (2018): Cloud Analytics gestalten, Heft 5, Controlling & Management Review, 2018, S. 60 - 65.

BITKOM (Hrsg.): „Big Data im Praxiseinsatz – Szenarien, Beispiele, Effekte, 2012.

Blohm, H. (1975): Informationswesen, Organisation, in: Grochla, E./ Wittmann, W. (Hrsg.): Handwörterbuch der Betriebswirtschaft, 4. Auflage, Band 2, Stuttgart 1975, Sp. 1924 - 1930.

Botar, A./ Pletschacher, M./ Stummeyer, C. (2018): Die Roboter sind da – Wie Robotic Process Automation (RPA) Arbeitnehmer entlastet und Arbeitgebern hohe Kosten einspart, Heft 3, Controller Magazin, 2018, S. 73 - 76.

Botthof, H. J. (2014): Reporting: Dienstleistung der besonderen Art, in: Klein, A./Gräf, J. (Hrsg.): Reporting und Business Intelligence – Berichte klar gestalten, effizient erstellen, prägnant kommentieren, 2. Auflage, München 2014, S. 67 - 78.

Burow, L./ Leyk, J./ Briem, C. (2014): Experten-Interview zum Thema" Controlling und Big Data", in: Gleich, R./ Grönke, K./ Kirchmann, M./ Leyk, J. (Hrsg.): Controlling und Big Data, München 2014, S. 13 - 22.

Chamoni, P./ Gluchowski, P. (2017): Business Analytics – State of the Art, Heft 4, Controlling & Management Review, 2017, S. 8 - 17.

Claasen, F./ & Hohorst, S. (2015): Den Finanzbereich neu denken, Heft 2, Controlling & Management Review, 2015, S. 34 - 42.

Cleve, J./ Lämmel, U. (2014): Data Mining, München 2014.

Deloitte (Hrsg.): Wie digital ist das Schweizer Controlling? – Eine schweizweite Analyse auf Basis eines Reifegradmodells, Hochschule Luzern 2018.

Deloitte (Hrsg.): Die Roboter kommen – Die unsichtbare Revolution im Einkauf, 2017, https://www2.deloitte.com/content/dam/Deloitte/de/Documents/operations/Deloitte_Operations_Robotics_Die-Roboter-kommen_03-2017.pdf, zuletzt abgerufen am 01.10.2019.

Deloitte (Hrsg.): Übernehmen Roboter bald jeden Job? Wie Process-Automation die Arbeit im Büro komplett verändert, 2017, https://www2.deloitte.com/de/de/pages/Innovation/contents/Robotic-Process-Automation.html, zuletzt abgerufen am 01.10.2019.

Deloitte (Hrsg.): Industrielles Internet der Dinge und die Rolle von Telekommunikationsunternehmen, Hype oder vernetzte Revolution. https://www2.deloitte.com/content/dam/Deloitte/de/Documents/technology-media-telecommunications/Deloitte_TMT_Industrielles%20Internet%20der%20Dinge.pdf zuletzt abgerufen am 05.10.2019.

Dorschel, J. (2015): Einführung und Überblick, in: Dorschel, J. (Hrsg.): Praxishandbuch Big Data – Wirtschaft – Recht – Technik, Wiesbaden 2015, S. 5 - 14.

Dörfner, S./ Kläsener, M. (2018): Predictive Planning im Mittelstand: Vorteile und Umsetzung in 5 Schritten, in: Gleich, R./ Tschandl, M. (Hrsg.): Digitalisierung & Controlling: Technologien, Instrumente, Praxisbeispiele, München 2018, S. 175 - 188.

Egle, U./ Keimer, I. (2018): Kompetenzprofil „Digitaler Controller", Heft 5, Controller Magazin, 2018, S. 49 - 53.

Ennemann, M./ Rücker, J. (2016): Mit validen Stammdaten in die Zukunft, Heft 3, Controlling & Management Review, 2016, S. 24 - 33.

Erichsen, J. (2018): Excel im Controlling: Empfehlungen für einen erfolgreichen Einsatz, in: Klein, A. (Hrsg.): Controllinginstrumente mit Excel umsetzen – Wichtige Tools und Gestaltungsempfehlungen, München 2018, S. 41 - 50.

Erichsen, J. (2018): Predictive Analytics – Künftiger Arbeitsschwerpunkt des Controllings oder Treiber für den Jobverlust?, Heft 3, BC – Zeitschrift für Bilanzierung, Rechnungswesen und Controlling, 2018, S. 129 - 131.

Ereth, J./ Kemper, H. G. (2016): Analytics und Business Intelligence – Säulen eines integrierten Ansatzes der IT-basierten Entscheidungsunterstützung, Heft 8-9, Controlling – Zeitschrift für erfolgsorientierte Unternehmenssteuerung, 2016, S. 458 - 464.

Ernst & Young (Hrsg.): Partnering for Performance, London 2015.

Fallenbeck, N./ Eckert, C. (2014): IT-Sicherheit und Cloud Computing, in: Bauernhansel, T./ Hompel, M./ Vogel-Heuser, B. (Hrsg.): Industrie 4.0 in Produktion, Automatisierung und Logistik. Wiesbaden 2014, S. 397 - 431.

Feichter, A./ Ruthner, R./ Schwarzl, P. (2016): Intelligente Zentralisierung als Ansatz für die Optimierung der Reporting-Prozesse, Heft 2, Jg. 10, CFO aktuell – Zeitschrift für Finance & Controlling, 2016, S. 73 – 75.

Fischer, T./Möller, K./Schultze, W. (2015): Controlling, 2. Auflage, Stuttgart 2015.

Frey, C. B./Osborne, M. A. (2013): The Future of Employment: How Susceptible are Jobs to Computerisation?, https://www.oxfordmartin.ox.ac.uk/downloads/academic/The_Future_of _Employment.pdf, 2013, zuletzt abgerufen am 01.10.2019

Gabler Wirtschaftslexikon (Hrsg.):https://wirtschaftslexikon.gabler.de.

Goerke, M./ Seif, H. (2019): Der Business Data Scientist – Praktische Daten-Anwendungen zum Steuern und Entscheiden in Unternehmen, Heft 1, Controller Magazin, 2019, S. 36 - 39.

Gluchowski, P. (2016): Business Analytics – Grundlagen, Methoden und Einsatzpotenziale, in: HMD Praxis der Wirtschafinformatik, Heft 3, 2016, S. 273 - 286.

Gluchowski, P./ Gabriel, R./ Dittmar, C. (2008): Management Support Systeme und Business Intelligence – Computergestützte Informationssysteme für Fach- und Führungskräfte, 2. Auflage, Berlin/Heidelberg 2008.

Gräf, J./ Isensee, J./ Mehanna, W. (2014): Management Reporting: Aufgaben, Konzeption und Umsetzung, in: Klein, A./Gräf, J. (Hrsg.): Reporting und Business Intelligence – Berichte klar gestalten, effizient erstellen, prägnant kommentieren, 2. Auflage, München 2014, S. 25 - 42.

Gräf, J./ Isensee, J./ Mehanna, W. (2014): Reporting: Einsatzszenarien für die IT- Unterstützung im Berichtswesen, in: Klein, A./Gräf, J. (Hrsg.): Reporting und Business Intelligence – Berichte klar gestalten, effizient erstellen, prägnant kommentieren, 2. Auflage, München 2014, S. 163 - 176.

Gräf, J./Isensee, J./Schulmeister, A. (2017): Reporting 4.0 – Management Reporting im digitalen Kontext, Heft 3, Controller Magazin, 2017, S. 60 - 62.

Grönke, K./ Kirchmann, M./ Leyk, J. (2014): Big Data: Auswirkungen auf Instrumente und Organisation der Unternehmenssteuerung, in: Gleich, R./ Grönke, K./ Kirchmann, M./ Leyk, J. (Hrsg.): Controlling und Big Data, München 2014, S. 63 - 82.

Hafen, T. (2016): Self-Service BI schafft Informationen für alle, Heft 10, com! Professional, 2016, S. 26 - 31.

Hanning, U. (2008): Vom Data Warehouse zum Corporate Performance Management, Ludwigshafen: Institut für Managementinformationssysteme e.V. 2008.

Haisermann, A./ Liebscher, T. (2017): Mit Robotics sparen lernen, in: Frankfurter Allgemeine Zeitung für Deutschland, 2017, Nr. 95, S. V8.

Heinzelmann, M. (2008): IT-Lösungen für das Management Reporting, in: Gleich, R./ Horváth, P./ Michel, U. (Hrsg.): Management Reporting – Grundlagen, Praxis und Perspektiven, München 2008, S. 93 - 114.

Hess, T. (2019): Digitale Transformation strategisch steuern – Vom Zufallstreffer zum systematischen Vorgehen, Wiesbaden 2019.

Hoening, C./ Esch, M./ Wald, A. (2017): Big Data, Business Intelligence und Business Analytics: Bedeutung, Nutzen und Mehrwert für die Unternehmenssteuerung, in: Gleich, R./ Grönke, K./ Kirchmann, M./ Leyk, J. (Hrsg.): Strategische Unternehmensführung mit Advanced Analytics, München 2017, S. 27 - 42.

Holinski, B. (2014): Berichte gekonnt kommentieren: Was Controller von Twitter lernen können, in: Klein, A./Gräf, J. (Hrsg.): Reporting und Business Intelligence – Berichte klar gestalten, effizient erstellen, prägnant kommentieren, 2. Auflage, München 2014, S. 59 - 66.

Horváth, P. (2008): Grundlagen des Management Reportings, in: Gleich, R./ Horváth, P./ Michel, U. (Hrsg.): Management Reporting – Grundlagen, Praxis und Perspektiven, München 2008, S. 15 - 42.

Horváth, P. (2011): Controlling, 12. Auflage, München 2011.

Horváth, P./ Aschenbrücker, A. (2014): Data Scientist: Konkurrenz oder Katalysator für den Controller?, in: Gleich, R./ Grönke, K./ Kirchmann, M./ Leyk, J. (Hrsg.): Controlling und Big Data, München 2014, S. 47 - 62.

Horváth, P./Klein, A./Gräf, J. (2014): Experten-Interview zum Thema „Management Reporting & Business Intelligence", in: Klein, A./Gräf, J. (Hrsg.): Reporting und Business Intelligence – Berichte klar gestalten, effizient erstellen, prägnant kommentieren, 2. Auflage, München 2014, S. 15 - 21.

Horváth & Partners (Hrsg.): Software-Roboter erobern die Finanzindustrie, 2017.

Horváth & Partners (Hrsg.): KPI-Studie 2013 – Effektiver Einsatz von Kennzahlen im Management Reporting, 2014.

Huber, D./ Kaiser, T. (2015): Wie das Internet der Dinge neue Geschäftsmodelle ermöglicht, Heft 5, HDM Praxis der Wirtschaftsinformatik, 2015, S. 681 - 689.

Hückelheim, F. (2015): Alles auf Wolke sicher? – Datenschutz beim Cloud-Computing, in: Handelsblatt (Hrsg.): https://www.handelsblatt.com/technik/hannovermesse/datenschutz-beim-cloud-computing-wie-wichtig-deutschland-als-server-standort-ist/11608270-2.html, zuletzt abgerufen am 15.10.2019.

Iffert, L. (2016): Predictive Analytics richtig einsetzen, Sonderheft 1, Controlling & Management Review, 2016, S. 16 - 23.

Institute for Business Instruments and Technologies – Hochschule Bremerhaven (Hrsg.): Mobiles Reporting für den Mittelstand 2015, http://www.ibit.cc/mobile- reporting-management-summary-teil-1/, zuletzt abgerufen am 02.10.2019.

Internationaler Controller Verein (2014): Big Data – Potenzial für den Controller – Ideenwerkstatt im Internationalen Controller Verein, Heft 6, Controller Magazin, 2014, S. 35 - 42.

Internationaler Controller Verein (Hrsg.): Business Analytics – Der Weg zur datengetriebenen Unternehmenssteuerung, Dream Car der Ideenwerkstatt im ICV 2016.

International Group of Controlling (Hrsg.): Controlling-Prozessmodell: Ein Leitfaden für die Beschreibung und Gestaltung von Controlling-Prozessen, Haufe Gruppe, Freiburg 2011.

Isensee, J./ Reuschenbach, D. (2018): „RPA im Controlling" - Steigerung der Effizienz im Reporting durch Robotic Process Automation, in: Horváth & Partners (Hrsg.): White Paper, Stuttgart 2018.

Kagelmann, U. (2001): Shared Services als alternative Organisationsform – am Beispiel der Finanzfunktion im multinationalen Konzern, Wiesbaden 2001.

Kagermann, H./ Wahlster, W./ Helbig, J. (2013): Umsetzungsempfehlungen für das Zukunftsprojekt Industrie 4.0, Abschlussarbeit des Arbeitskreises Industrie 4.0.

Kemper, H. G./ Baars, H./ Mehanna, W. (2010): Business Intelligence – Grundlagen und praktische Anwendungen, 3. Auflage, Wiesbaden 2010.

Keuper, F./ Albrecht, T./ Hintzpeter, R. (2008): Kooperativ gegründete Shared-Controlling-Center für kleine und mittlere Unternehmen, in: Keuper, F./ Oecking, C. (Hrsg): Corporate Shared Services: Bereitstellung von Dienstleistungen im Konzern, 2. Auflage, Wiesbaden 2008, S. 346 - 368.

Kirchberg, A. (2017): Harmonisierung des externen und des internen Rechnungswesens aus aufbau- und ablauforganisatorischer Sicht, in: Klein, A./ Gräf, J. (Hrsg.): Reporting und Business Intelligence, 3. Auflage, München 2017, S. 85 - 102.

Kirchberg, A./ Müller, D. (2016): Digitalisierung im Controlling: Einflussfaktoren, Standortbestimmung und Konsequenzen für die Controllerarbeit, in: Gleich, R./ Grönke, K./ Kirchmann, M./ Leyk, J. (Hrsg.): Konzerncontrolling 2020, München 2016, S. 79 - 96.

Kleehaupt-Rother, B./ Unger, T. (2018): Von RPA-Mythen zur Automatisierungsstrategie, Heft 8, Controlling & Management Review, 2018, S. 48 - 56.

Koch, R. (1994): Betriebliches Berichtswesen als Informations- und Steuerungsinstrument, Frankfurt am Main 1994.

KPMG (Hrsg.): Mit Daten Werte schaffen, Report 2016.

KPMG (Hrsg): Integrated Reporting – Geschäftsberichte neu gedacht, 2014.

Krüger, W./ Danner, M. (2004): Einsatz von Shared Service Centern für Finanzfunktionen, Heft 3, Controller Magazin, 2004, S. 215 - 220.

Kümpel, T./ Schlenkrich, K./ Heupel, T. (2019): Controlling & Innovation 2019 – Digitalisierung, Wiesbaden 2019.

Lamprecht, A./ Seifert, A. (2015): Self-Service Reporting – Ist Ihre Organisation bereit dafür?, Heft 6, Controller Magazin, 2015, S. 48 - 52.

Laney, D. (2001): 3D Data Management: Controlling Data Volume, Velocity, Variety, Metagroup Inc. (Hrsg.).

Langmann, C. (2019): Digitalisierung im Controlling, München 2019.

Langmann, C. (2018): Predictive Analytics für Controller – einfache Anwendungen mit MS Excel, Heft 4, Controller Magazin, 2018, S. 37 - 41.

Liebetrau, A. (2018): Self-Service-BI im Reporting – Eine empirische Untersuchung zu Anwendungspotentialen im Controlling, Köln 2018.

Legenhausen, C./ Hoff, C. M./ Backhaus, J. (2018): Mobile Systeme im Controlling und Reporting, Heft 3, Controller Magazin, 2018, S. 40 - 41.

Losbichler, H./ Ablinger, K. (2018): Digitalisierung und die zukünftigen Aufgaben des Controllers, in: Gleich, R./ Tschandl, M. (Hrsg.): Digitalisierung & Controlling: Technologien, Instrumente, Praxisbeispiele, München 2018, S. 49 - 72.

Marmonti, S. (2019): Der Controller als Data Steward, Heft 2, Controlling & Management Review, 2019, S. 64 - 67.

Matos, Z./ Székely, A./ Szukits, A./ (2008): The Reporting Factory – Service-Center bei E.ON Hungária, in: Gleich, R./ Horváth, P./ Michel, U. (Hrsg.): Management Reporting – Grundlagen, Praxis und Perspektiven, München 2008, S. 249 - 268.

Matzer, M. (2013): Kein Hexenwerk: das moderne Orakel – Prognosen für Tests von Szenarien, Heft 1, BI Spektrum, 2013, S. 18 - 21.

Mayer, C./Wiesehahn, A. (2018): Controlling im Digitalisierungswahn? – Ein Zwischenruf –, Heft 5, Controller Magazin, 2018, S. 29 - 33.

Mayr, A. /Losbichler, H./ Heindl, M. (2017): Aufgaben, Anforderungen und Karriereperspektiven im Controlling, Heft 5, Controller Magazin, 2017, S. 22 - 25.

Mehanna, W./ Tatzel, J./ Vogel, P. (2016): Business Analytics im Controlling – Fünf Anwendungsfelder, Heft 8-9, Controlling – Zeitschrift für erfolgsorientierte Unternehmenssteuerung, 2016, S. 502 - 508.

Michel, U./ Kirchberg, A. (2008): Reporting Factory – Gestaltung, Aufbau und Einordnung in den Finanzbereich, in: Gleich, R./ Horváth, P./ Michel, U. (Hrsg.): Management Reporting – Grundlagen, Praxis und Perspektiven, München 2008, S. 311 - 332.

Möller, K./ Seefried, J./ Wirnsperger, F. (2017): Wie Controller zu Business Partnern werden, Heft 2, Controller & Manager Controller-Kompetenzen Teil 5, Controlling & Management Review, 2017, S. 64 - 97.

Mucksch, H./ Behme, W. (2000): Das Data-Warehouse-Konzept, Wiesbaden 2000.

Müller, D. & Schulmeister, A. (2016): Auswirkung der Digitalisierung auf die Controlling-Teilprozesse, Horváth & Partners.

Nasca, D./ Munck, C./ Gleich, R. (2018): Controlling-Hauptprozesse: Einfluss der digitalen Transformation, in: Gleich, R./ Tschandl, M. (Hrsg.): Digitalisierung & Controlling: Technologien, Instrumente, Praxisbeispiele, München 2018, S. 73 - 88.

Olaf, J. (2015): Der Wertbeitrag von Business Intelligence, in: Lang, M. (Hrsg.): Handbuch Business Intelligence, Düsseldorf 2015, S. 19 - 35.

Otto, B./ Legner, C. (2016): Master Data erfolgreich managen, Heft 3, Controlling & Management Review, 2016, S. 6 - 17.

PWC (Hrsg.): Integrated Reporting in Germany – The DAX 30 Benchmark Survey 2014, Stand Dezember 2014.

Rathjen, P. (2008): Transformation durch Shared Services: Im Spannungsfeld zwischen zentraler und dezentraler Unternehmenssteuerung, in: Keuper, F./ Neumann, F. (Hrsg.): Finance Transformation: Strategien, Konzepte und Instrumente, Wiesbaden 2008, S. 26 - 44.

Reichmann, T. (2011): Controlling mit Kennzahlen, Die systemgestützte Controlling- Konzeption mit Analyse und Reportinginstrumenten, 8. Auflage, München 2011.

Redman, T. C. (2013): Data´s Credibility Problem, Management – not technology – is the solution, Harvard Business Review 10, 2013, S. 84 - 88.

Roßmeißl, E./ Gleich, R. (2014): Industrie 4.0: Neue Aufgaben für Produktionsmanagement und –controlling, in: Gleich, R./ Grönke, K./ Kirchmann, M./ Leyk, J. (Hrsg.): Controlling und Big Data, München 2014, S. 141 - 155.

Roth, A. (2016): Einführung und Umsetzung von Industrie 4.0 Grundlagen, Vorgehensmodell und Use Cases aus der Praxis, Wiesbaden 2016.

Rupp, M. (2018): Data Storytelling – Wie Zahlen und Daten zu Geschichten werden, Heft 6, Controller Magazin, 2018, S. 45 - 49.

Safar, M. (2017): Die 5 hartnäckigsten Mythen über Robotic Process Automation, 2017, https://weissenberg-solutions.de/die-5-hartnaeckigsten-maerchen-ueber-robotic- process- automation/, zuletzt abgerufen am 01.10.2019.

Satzger, G./ Holtman, C./ Peter, S. (2015): Advanced Analytics im Controlling – Potenzial und Anwendung für Umsatz- und Kostenprognosen, Heft 4-5, Controlling – Zeitschrift für erfolgsorientierte Unternehmenssteuerung, 2015, S. 229 - 235.

Schäffer, U./ Weber J. (2018): Lean Controlling – Wo stehen wir?, Heft 8, Controlling & Management Review, 2018, S. 16 - 23.

Schäffer, U./ Weber, J. (2016): Business Partnering mit Managern und Experten, WHU Otto Beisheim School of Management, Institute of Management Accounting and Control.

Schäffer, U./ Weber, J. (2015): Controlling im Wandel – Die Veränderung eines Berufsbilds im Spiegel der zweiten WHU-Zukunftsstudie, Heft 3, Controlling – Zeitschrift für erfolgsorientierte Unternehmenssteuerung, 2015, S. 185 – 191 Schäffer, U./ Weber, J. (2014): Controller – Eine gefährdete Spezies?, Heft 7, Harvard Business Manager, S. 86 - 90.

Schalkowski, H. (2019): Roboterisierung im Mittelstand – Chancen und Risiken für Bilanzierer und Controller, Heft 2, BC – Zeitschrift für Bilanzierung, Rechnungswesen und Controlling, 2019, S. 72 - 75.

Schels, I./ Seidel, U. M. (2016): Excel 2016 im Controlling: Professionelle Lösungen für Controlling, Projekt- und Personalmanagement, München 2016.

Schlüter, R. (2017): Studie: Digitalisierung, Automatisierung und Vernetzung im Rechnungswesen und Controlling, Stand Oktober 2017.

Schneider, C. (2016): Management Reporting: Stand und Herausforderungen, in: Schneider, C./ Stahl, K. U./ Wiener, A. (Hrsg.): Managementberichte gekonnt visualisieren, München 2016, S. 23 - 40.

Schmitz, M./ Lawrenz, A./ Drerup, B. (2016): Reporting Factory in Controllingbereichen, in: Becker, W./ Ulrich, P. (Hrsg.): Handbuch Controlling, Wiesbaden 2016, S. 427 - 458.

Schön, D. (2018): Planung und Reporting im BI- gestützten Controlling – Grundlagen, Business Intelligence, Mobile BI und Big-Data-Analytics, 3. Auflage, Wiesbaden 2018.

Schröder, H. D. (2006): Digitalisierung in: Hans-Bredow-Institut für Medienforschung an der Universität Hamburg (Hrsg.): Medien von A bis Z, Wiesbaden 2006.

Seidler, L./ Grosser, T. (2018): Data Stewardship – Wegbereiter für Analytik, BARC Research Study.

Seufert, A. (2014): Das Controlling als Business Partner: Business Intelligence & Big Data als zentrales Aufgabenfeld, in: Gleich, R./ Grönke, K./ Kirchmann, M./ Leyk, J. (Hrsg.): Controlling und Big Data, München 2014, S. 23 - 46.

Seufert, A./ Kruk, K. (2016): Digitale Transformation und Controlling: Herausforderungen und Implikationen dargestellt am Beispiel der BASF, in: Gleich, R./ Grönke, K./ Kirchmann, M./ Leyk, J. (Hrsg.): Konzerncontrolling

2020, Freiburg 2016, S. 141 - 164.

Schimank, C./ Schentler, P. (2018): Digitalisierung im Controlling umsetzen: Erstellung einer Roadmap für eine S/4HANA-Einführung, in: Gleich, R./ Kramer, A./Esch, M. (Hrsg.): In-Memory-Datenbanken: Auf dem Weg zur Unternehmenssteuerung der Zukunft, München 2018, S. 87 - 100.

Taschner, A. (2013): Management Reporting – Erfolgsfaktor internes Berichtswesen, Wiesbaden 2013.

Thomson, J. (2017): Gefährdet die Digitalisierung die Arbeitsplätze von Controllern und Bilanzbuchhaltern?, Heft 12, BC – Zeitschrift für Bilanzierung, Rechnungswesen und Controlling, 2017, S. 582 - 584.

Verl, A./ Lechler, A. (2014): Steuerung aus der Cloud, in Bauernhansel, T./ Hompel, M./ Vogel-Heuser, B. (Hrsg.): Industrie 4.0 in Produktion, Automatisierung und Logistik, Wiesbaden 2014, S. 235 - 247.

Wachter, B. (2018): Big Data – Anwendung in der Marktforschung, in: König, C./ Schröder, J./ Wiegand, E. (Hrsg.): Big Data. Chancen, Risiken, Entwicklungstendenzen, Schriftenreihe der ASI, Wiesbaden 2018, S. 17 - 26.

Weber, J./ Gschmack, S./ Tretbar, T./ Wiegmann, L (2013): IT-Trends und ihre Auswirkung: auf Management und Controlling, Advanced Controlling Band 87, Weinheim 2013.

Weber, J./ Schaier, S./ Strangfeld, O. (2005): Berichte für das Top-Management: Ergebnisse einer Benchmarking-Studie, Advanced Controlling Band 43, Weinheim 2005.

Weber, J./ Strauß, E./ Spittler, S. (2012): Controlling & IT: Wie Trends und Herausforderungen der IT die Controllingfunktion verändern, Heft 2, Controlling & Management Review, 2012, S. 105 - 109.

Weißenberger, B. E./ Bauch, K. A. (2017): Chancen und Risiken der digitalen Transformation für die Rechnungslegung, in: Wagner, U./ Schaffhauser-Linzatti, M. M. (Hrsg.): Langfristige Perspektiven und Nachhaltigkeit in der Rechnungslegung, Wiesbaden 2017, S. 203 - 219.

Wehrum, K./ Burmester, L. (2014): Mobile Business Intelligence: Mehrwerte und Anwendungsszenarien, in: Klein, A./Gräf, J. (Hrsg.): Reporting und Business Intelligence – Berichte klar gestalten, effizient erstellen, prägnant kommentieren, 2. Auflage, München 2014, S. 177 - 200.

Zacher, M. (2012): Big Data Analytics in Deutschland 2012, (Hrsg.): IDC Manufacturing Insights.

Anhang

A-1: Welche Auswirkungen hat die Digitalisierung auf den Stellenwert des Controllers?

Heutige Tätigkeiten von Controllern könnten übernommen werden von ...	Faktoren, die sich positiv auf Controller auswirken
Führungskräften - Betriebswirtschaftlich besser ausgebildete Führungskräfte - Self- Service BI; einfacher nutzbare Controlling- Tools **Maschinen** - Automatisierung repetitiver Tätigkeiten (durch RPA) - Automatisierung anspruchsvoller, analytischer Tätigkeiten **Data Scientists** - Datenmanagement - Modellbildung - Komplexe Analysen - Analytics **Controllern** - Prozessstandardisierung - Reporting Factorys (Outsourcing)	**Höherer Bedarf durch neue Möglichkeiten** - größere Datenmengen und neue Technologien führen zu größeren Wünschen der Führungskräfte - dadurch entstehen neue Projekte, die koordiniert werden müssen - Self- Service BI muss gewartet und geprüft werden. Benötigt ggf. Anpassungen **Stärkerer Wettbewerb und höhere Komplexität** - Führt zu größerem Informationsbedarf und zu höherer zeitlicher Belastung der Führungskräfte - Führungskräfte wollen die Tätigkeiten der Controller nicht übernehmen **Neue Aufgaben werden beim Controller angesiedelt** - Rolle des Pathfinders (Change Management) - Controller werden Partner des Managements (Business Partnering) - Controller übernehmen Tätigkeiten der IT z. B. unterstützen bei dem Aufbau einer einheitlichen Datenbank. **Grenzen der Automatisierung und KI** - Willensbildung ist nicht automatisierbar - Rationalitätssicherung, Controller als Korrektiv

Quelle: Eigene Abbildung in Anlehnung an Losbichler, H./ Ablinger, K. (2018): Digitalisierung und die zukünftigen Aufgaben des Controllers, S. 55.